DUMONT EXTRA

# Kreta

Nikos Varelas

# Inhalt

# Kalós o

So heißen die Kreter traditionell einen Fremden willkommen. Ihre Insel galt in der Antike als Heimat des Zeus, des Gottes der Gastfreundschaft. An den fast 1000 km langen Küsten hat er nicht mehr überall das Sagen, doch in den Dörfern im Innern der größten griechischen Insel haben alte griechische Sitten noch immer einen hohen Stellenwert. Ob zu Fuß, per Rad, Auto oder Bus: Das wahre

# ríssate!

Kreta erlebt, wer sein Hotel und die Strände verlässt und vielleicht auch einmal auf dem Land übernachtet. Und wer sich vorher ein wenig über die kretische Mentalität, über Spezialitäten, Land und Leute informiert hat, wird sicherlich dem anderen Willkommensgruß zustimmen, der häufig am Straßenrand zu lesen ist: Kalós ílthate – Gut, dass Ihr gekommen seid!

# Kreta

## "Insel des Minós"

Kreta ist die fünftgrößte Insel im Mittelmeer, 250 km lang und bis zu 60 km breit. Sie trennt das Ägäische vom Libyschen Meer, Europa von Nordafrika.

Ein Vogel, der über die Insel fliegt, erlebt sie als grandiose Aneinanderreihung von stark zerklüfteten Gebirgen. Bis zu 2456 m hoch ragen die oft bis in den Mai hinein schneebedeckten Gipfel fast unmittelbar aus dem Meer auf. An der Ägäis sind ihnen schmale, lang gestreckte Küstenebenen oder auch landeinwärts strebende Täler und mehrere hügelige Halbinseln vorgelagert. Die Südküste hingegen fällt viel steiler ab. Hier gibt es nur wenige winzige Ebenen, die meist am Ausgang tief eingeschnittener Schluchten liegen. Zur Zeit der Schneeschmelze und der Winterregen füllen sie sich mit reißenden Wassern. Rund um Kreta sorgen drei Dutzend Inseln und Inselchen für Fixpunkte am Horizont. Nur eine von ihnen, Gávdos im Südwesten, ist ständig bewohnt, viele andere sind beliebte Ziele für Ausflugsboote.

In der Inselmitte legt sich Kretas wilde Natur Zügel an. Leicht zu passierendes, fruchtbares Hügelland verbindet hier den Inselnorden mit der Messará-Ebene im Süden. Diese Kornkammer Kretas erstreckt sich bis zu 12 km breit und 40 km weit parallel zum Libyschen Meer zwischen dem wüstenhaft wirkenden Asteroúsia-Gebirge im Süden und dem Hügelland im Inselzentrum. Kein Wunder, dass zwischen Iráklio und der Südküste die meisten der über 600 000 Kreter leben – und das schon seit vier Jahrtausenden.

So liegen denn in diesem Gebiet mit Knossós, Archánes, Festós und Agía Triáda auch vier der bedeutendsten Sehenswürdigkeiten aus minoischer Zeit. Jene Epoche zwischen etwa 2000 und 1400 v. Chr. sah die erste Hochkultur auf europäischem Boden: Eine Kultur mit eigener Schrift, straff organisiertem Staatswesen, raffinierter Architektur und einzigartigem Kunstschaffen. Da die Schrift der Minoer, Linear A genannt, trotz vieler Versuche bis heute nicht schlüssig entziffert ist, fehlt den Archäologen freilich ein wesentlicher Baustein zur zuverlässigen Erklärung jener Zeit. Man ist auf die Bodenfunde angewiesen. Allgemein nimmt man an, dass Kreta in minoischer Zeit unter der Herrschaft eines Oberkönigs stand, der in

**Im Palast von Knossós soll Minós einst König gewesen sein**

Knossós bei Iráklio residierte. Ihm standen Unterkönige in den Palastzentren von Kydónia (heute Chaniá), Festós, Archánes, Mália und Kató Zákros zur Seite. Über die ganze Insel verteilt gab es gut ausgebaute Landhäuser wie in Tílisos und wohl auch kleine Städte mit steinernen Häusern wie in Gourniá. Das Fehlen von Wehrmauern und Verteidigungsbauten lässt darauf schließen, dass man 600 Jahre lang friedlich miteinander lebte und auch keine äußeren Feinde zu fürchten hatte. Bodenfunde belegen einen regen Handelsaustausch mit Ägypten, den Kykladen und den Kulturen des Vorderen Orients. Alles in allem ergibt sich das Bild einer paradiesischen Zeit, so dass manche Forscher Kreta sogar für das sagenhafte Atlantis halten.

Die Kreter von heute sind freilich nicht mehr von der minoischen Zeit geprägt. Ihr Denken und vieles von dem, was man als Fremder im Alltag bemerkt, hat seine Wurzeln in byzantinischer Zeit. Schon der Apostel Paulus hatte auf Kreta eine erste christliche Gemeinde begründet. In der Spätantike entwickelte sich als christlicher Nachfolger des Römischen Imperiums in der östlichen Reichshälfte das Byzantinische Reich, dessen Kaiser in Konstantinopel residierten – bis auf ein Zwischenspiel unter arabischer Besatzung war Kreta fest im byzantinischen Kulturkreis verwurzelt.

Gegen Ende des ersten christlichen Jahrtausends wurden die Spannungen zwischen Kaiser und Patriarch in Konstantinopel einerseits, Papst und westlichem Kaiser andererseits immer stärker. 1053 kam es zur Kirchenspaltung. Fortan entfernte sich die römisch-katholische Kirche von der orthodoxen (›rechtgläubigen‹) Kirche. Heute sind die Orthodoxen stolz darauf, ihre Glaubensgrundsätze seit über 1000 Jahren nicht mehr verändert zu haben, während der Papst immer neue Dogmen verkündete. So gibt es inzwischen große Unterschiede. Am auffälligsten sind die intensive Ikonenverehrung der orthodoxen Christen und die Tracht der Priester. Orthodoxe Priester sind fast immer verheiratet; Laien dürfen sich zweimal scheiden lassen.

Das Bild der kretischen Städte und vieler Dörfer wird von Bauten

**Sigá, sigá – langsam, langsam: Wer Kreta erleben will, sollte sich Zeit nehmen**

und Taten fremder Besatzer mitgeprägt, die den Kretern zwischen 1204 und 1944 die Freiheit raubten. Zunächst kamen die Venezianer, deren Bauwerke vor allem noch in Iráklio und Chaniá zu sehen sind. Ihnen folgten 1568 die Türken, die insbesondere in Chaniá und Réthimno ihre Spuren hinterließen. Nach der Befreiung Kretas im Jahr 1898 gab es noch einmal ein kurzes Zwischenspiel mit fremden Eroberern, die sich diesmal gar als Herrenvolk gebärdeten: mit deutschen Truppen. Von ihnen künden hauptsächlich Gedenktafeln in Dörfern, die von der Wehrmacht dem Erdboden gleichgemacht wurden. Die Kreter haben sich immer wieder in Aufständen und mit Partisanenkämpfen gegen die Eroberer gewehrt. Die Beschaffenheit der Landschaft kam ihnen dabei zugute, denn die unzugänglichen Gebirge boten ideale Verstecke. Viele abgelegene Höhlen und Klöster sind nationale Gedenkstätten, die an Befreiungskämpfe und Opfer erinnern.

Heute erschließen zahllose, oft äußerst kurvenreiche Asphaltstraßen, Pisten unterschiedlichster Qualität oder zumindest Jeep-Tracks die letzten Winkel der Insel. Das gibt Gelegenheit, sie per Auto, Moped oder Mountainbike zu erkunden. Dafür freilich wurden diese Verkehrswege nicht vorrangig geschaffen. Sie sollen entlegene Dörfer vor völliger Auszehrung durch Abwanderung junger Familien bewahren, sollen Bauern und Viehzüchtern das Leben erleichtern. Von ihnen gibt es auf Kreta noch mehr als Touristen.

Fast eine Million Schafe und Ziegen weiden im Sommerhalbjahr relativ frei in den kretischen Bergen und auf ihren Hochebenen wie der Nída-Hochebene bei Anógia. Etwa 15 Mio. Olivenbäume bedecken Ebenen und Berghänge. Weinstöcke breiten sich in Höhen bis zu 800 m aus. Sie bescheren den Kretern nicht nur gute Weine und das Nationalgetränk Rakí, sondern auch exportfähige Tafeltrauben und bis zu 100 000 t Sultaninen pro Jahr. Ebenso wichtig wie diese traditionellen Erzeugnisse sind für die kretische Landwirtschaft seit den 70er Jahren die nur von der Sonne beheizten Ge-

wächshäuser geworden. Sie verschandeln weite Landstriche, ermöglichen aber die Produktion von Bananen und gut bezahlten Frühgemüsen. Die Industrie konzentriert sich auf die Außenbezirke der Großstädte Iráklio und Chaniá. Da sie überwiegend landwirtschaftliche Produkte verarbeitet, belastet sie die Umwelt nur wenig. Ein großer ökologischer Fortschritt ist der Bau des größten Solarkraftwerks der Welt bei Míres, dessen erste Stufe 1999 in Betrieb ging.

Sigá, sigá – langsam, langsam ist eine der meistgehörten Aufforderungen von Kretern an Fremde. Und sie haben Recht damit. Man wird den Charakter Kretas nicht erleben, wenn man Kilometer frisst. Wer eine Stunde sitzend und schauend in einem ländlichen Kaffeehaus verbringt, erfährt mehr über Kreta als der, der 200 km am Tag zurücklegt. Sieht vielleicht die alten Leute, die frühmorgens ihre Ziege aufs Feld führen und abends zurückholen. Sieht den Briefträger, der die Post fürs ganze Dorf im Kaffeehaus deponiert, wo sie die Dorfbewohner dann abholen. Hört, wie sie bei dieser Gelegenheit auch gleich die Stromrechnung diskutieren oder berichten, was Verwandte aus der Fremde schreiben. Kommt ins Gespräch mit jemandem, der einmal in Deutschland gearbeitet hat. Muss einen Rakí als Zeichen der Gastfreundschaft trinken, Fotos und Briefe von Urlaubern anschauen, die früher einmal hier waren.

Ganz Kreta ist das freilich nicht. Um die Insel und ihre Menschen zu verstehen, sollte man auch in die Bars und Cafés in Iráklio oder Chaniá gehen, in denen sich die studentische Jugend am Nachmittag trifft. Und abends hat man dann die Wahl zwischen zwei Welten: Discos und Bars nach internationalem Vorbild, wo man zu den neuesten CDs tanzt – oder Kritiká Kéntra, in die Kreter gehen, wenn sie zu kretischer Live-Musik traditionelle Tänze tanzen wollen.

Der Urlauber kann viel von Kreta mitnehmen: Bilder von Landschaften und Menschen, Glockentöne von Schaf- und Ziegenherden, Gerüche von Thymian und Oregano. Und vielleicht sogar etwas von der kretischen Gelassenheit, die fest in einer über 4000-jährigen Geschichte verankert ist.

# Geschichte

| | |
|---|---|
| **6000–2800 v. Chr.** | Jungsteinzeit. Kreta wird von Anatolien aus besiedelt. |
| **2800–2000 v. Chr.** | Vorpalastzeit. Die Entwicklung der Kupferherstellung revolutioniert das Leben und führt zu ausgedehnten Handelsbeziehungen. |
| **2000–1700 v. Chr.** | Altpalastzeit, Beginn der minoischen Epoche. Die kretischen Siedlungen schließen sich unter mächtigen Königen zusammen. Es entstehen Paläste, die zugleich Zentren großer Städte werden. |
| **1700–1400 v. Chr.** | Jungpalastzeit. Durch Naturkatastrophen werden die Paläste zweimal (1700, 1600) zerstört. Danach entstehen die neuen Paläste, deren Überreste heute zu besichtigen sind. |
| **1450–1100 v. Chr.** | Mykenische Zeit. Das minoische Kreta wird von griechischen Achäern unterworfen. Deren mykenische Kultur wird zur prägenden Kultur im ägäischen Raum. |
| **1100–67 v. Chr.** | Griechische Zeit. Das Mykenische Reich geht unter; griechische Dorer dringen vom Festland nach Kreta vor. |
| **67 v. Chr.–395 n. Chr.** | Römische Zeit. Nach der Eroberung der Insel durch den Feldherrn Metellus wird Kreta zur römischen Provinz mit Górtis als Hauptstadt. |
| **395–824** | Frühbyzantinische Zeit. Nach der Teilung des Römischen Reichs wird Kreta wie ganz Griechenland Teil des von Konstantinopel (heute Istanbul) aus regier- |

| | |
|---|---|
| | ten Oströmischen Reichs, das sich zum Byzantinischen Reich entwickelt. |
| **824–961** | Arabische Herrschaft. Freibeuter aus Nordafrika erobern Kreta. |
| **961–1204** | Mittelbyzantinische Zeit. Nach der Rückeroberung Kretas durch den späteren byzantinischen Kaiser Nikefóros Fókas blüht Kreta wieder auf. |
| **1204–1669** | Venezianische Herrschaft. Nach der Eroberung Konstantinopels durch Venedig wird Kreta ebenfalls von den Venezianern eingenommen. |
| **1669–1898** | Osmanische Herrschaft. Zwischen 1645 und 1669 erobern die Türken ganz Kreta. |
| **1898–1913** | Kreta wird durch den Einfluss der Großmächte selbstständig. Die Kreter aber fordern den Anschluss an das seit 1830 von der Türkenherrschaft befreite Griechenland. |
| **1913** | Nach griechischen Siegen gegen die Türkei in den Balkankriegen wird Kreta Teil Griechenlands. |
| **1941–1944** | Besetzung durch deutsche Truppen. Viele Kreter gehen als Partisanen in die Berge; bei Racheakten der Deutschen werden viele Dörfer ausgelöscht und Tausende von Zivilisten ermordet. |
| **1944–1949** | Bürgerkrieg in ganz Griechenland. Die Auseinandersetzungen zwischen bürgerlichen Truppen und linken Partisanen kostet das Land mehr Tote als die deutsche Gewaltherrschaft. |
| **1967–1974** | Militärherrschaft in Griechenland. Nach Jahren labiler Demokratie übernehmen die Obristen die Macht. Im Verlauf der von ihnen ausgelösten Zypernkrise treten sie zurück. |
| **1974** | Rückkehr zur Demokratie. Entstehung des heutigen Parteien- und Regierungssystems. |
| **2000** | Parlamentswahlen. Der seit 1996 regierende Kóstas Simítis wird als Ministerpräsident bestätigt. In allen vier kretischen Regierungsbezirken erzielt seine Partei, die sozialistische PASOK, die absolute Mehrheit. Zwölf der kretischen Abgeordneten gehören ihr an, vier der konservativen Néa Dimokratía. |

# Gut zu wissen!

Markt in Míres

Kreta ist ein unproblematisches Reiseziel; die Kreter sind fremden Verhaltensweisen gegenüber sehr tolerant. Trotzdem schätzen sie es, wenn man sich an ihre ungeschriebenen Gesetze hält.

**Beschwerden:** Das Ehrgefühl der Kreter ist groß. Wer als Fremder eine Beschwerde vorbringt, wird durch scharfen Ton und Lautstärke bewirken, dass der Angesprochene sich angegriffen fühlt und kühl reagiert. Besser schildert man das Problem sachlich.

**Eintrittspreise:** Ermäßigungen für Senioren ab 65; z.T. freier Eintritt für Studenten aus EU-Ländern und Schüler (Int. Studenten- bzw. Schülerausweis mitbringen).

**Fotografieren:** Die meisten Kreter lassen sich gern fotografieren. Dennoch sollte man vorher ihr Einverständnis durch ein Nicken oder Lächeln einholen.

**Freie Tische:** Ein schwerer Fauxpas ist, sich unaufgefordert an einen schon besetzten Tisch zu setzen, auch wenn daran noch viele Stühle frei sind. Man fragt auch nicht um Erlaubnis, sondern wartet höchstens eine Aufforderung von den schon Sitzenden ab.

**Handeln und Feilschen:** Bei Waren von geringem Wert wird in Griechenland nicht um den Preis gefeilscht. Handeln ist nur bei teuren Produkten wie Lederjacken und Schmuck üblich und lohnt bei Zimmer- und Autovermietern.

**Kirchen- und Klosterbesuche:** Kirchen und Klöster sollte man nur mit bedeckten Knien und Schultern betreten. Zu einigen Klöstern haben Frauen in Hosen keinen Zutritt. In Kirchen sollte man die Hände nicht auf dem Rücken verschränken oder mit gekreuzten Beinen sitzen; steht man dicht vor Ikonen, wendet man ihnen nicht den Rücken zu. Fotografieren und Filmen wird in Kirchen ungern gesehen. Kerzen hingegen darf jeder anzünden (dann gibt man auch eine Spende).

Die meisten Klöster sind in der Mittagszeit (13–16 oder 17 Uhr) geschlossen. Den Mittagsschlaf der Mönche und Nonnen sollte man keinesfalls stören.

**Mittagsruhe:** Zwischen etwa 14 und 17 Uhr wird auch außerhalb der Klöster oft Mittagsruhe gehalten. In dieser Zeit sollte man Privatpersonen weder besuchen noch anrufen.

**Nackte Haut:** ›Topless‹ am Strand zu liegen, ist inzwischen überall in Hellas üblich und wird auch von vielen Griechinnen praktiziert. Sich ganz auszuziehen, ist jedoch nur an wenigen Stränden etwa in Léndas und Plakiás üblich. In Badehose oder Bikini durch ein Dorf oder die Stadt zu bummeln, gilt in Griechenland wie eigentlich überall als Zeichen von großer Geschmacklosigkeit.

**Vorurteile:** Auf Vorurteile gegen Deutsche wird man auf Kreta trotz der Ereignisse im Zweiten Weltkrieg kaum stoßen. Gerade in Dörfern, deren Bewohner im Krieg von deutschen Soldaten ermordet wurden, schätzt man es indes, wenn der Gast die Geschichte kennt.

**Telefonieren:** In Griechenland meldet sich der Angerufene fast nie mit seinem Namen – selbst am Empfang von Hotels heißt es häufig nur ›Nä‹ (ja) oder ›Embróss‹ (vorwärts).

**Toiletten:** Außerhalb der Hotels und Privatzimmer lässt der Zustand kretischer Toiletten meist arg zu wünschen übrig. Brillen fehlen oft völlig oder stehen defekt in einer Ecke. Es ist üblich – außer in erstklassigen Hotels –, das Toilettenpapier nicht in die Toilette zu werfen. Da die Abflussrohre einen zu engen Durchmesser haben, besteht Verstopfungsgefahr. Man wirft das Papier darum in offene Papierkörbe oder Eimer, die in jeder Toilette zu finden sind.

**Türkei:** Viele Kreter betrachten die Türkei noch immer als ihren Erbfeind. Mit positiven Erzählungen von einem früheren Türkei-Urlaub wird man sich in Griechenland kaum Freunde machen.

**Wasser:** In traditionellen Kaffeehäusern wird zum Kaffee oft noch kostenlos ein Glas Wasser gereicht. Es kann überall bedenkenlos getrunken werden. Man sollte zumindest ein wenig daran nippen, damit der Wirt nicht in Zukunft darauf verzichtet, Fremden Wasser zu servieren.

Obwohl Kreta im Vergleich zu vielen anderen ägäischen Inseln nicht unter extremer Wasserknappheit leidet, gehen die Kreter beim Waschen und Duschen mit dem Wasser sparsam um. Das wird auch von Fremden erwartet.

## Einladungen

**Vor allem in den Bergdörfern werden Fremde häufig noch zu einem Schnaps oder Kaffee eingeladen. Als Fremder sollte man keine Gegeneinladung aussprechen, denn das wäre beleidigend.**

**Wird man von einem Kreter formell zu ihm nach Hause eingeladen, ist ein kleines Gastgeschenk hingegen angebracht. Besonders beliebt sind schön verpackte Süßigkeiten.**

# Feste & Unterhaltung

## Kirchliche Feste

**Epiphanías, 6. Januar:** Das Fest der Wasserweihe wird vor allem in den Küstenorten begangen. Nach dem Gottesdienst zieht eine Prozession ans Meer, der Priester wirft ein Kreuz ins Wasser, junge Männer tauchen danach. Wer es wieder heraufholt, wird im kommenden Jahr Glück haben. In Ágios Nikólaos schließt sich daran ein großes Volksfest an.

**Rosenmontag, 18. März 2002 bzw. 10. März 2003:** Am Karnevalswochenende werden viele Tavernen bunt dekoriert, man geht mit Freunden und der Familie aus. In einigen Orten, besonders schön in Réthimno, findet am Faschingssonntag ein großer Karnevalsumzug statt. Am Rosenmontag dann strömen fast alle Kreter aufs Land. Viele setzen sich zu einem Picknick in freier Natur zusammen, spontan trifft man sich zu Lýra-Musik und Tanz. Kinder und Erwachsene lassen Drachen steigen.

**Karfreitag, 3. Mai 2002 bzw. 25. April 2003:** Vormittags wird in allen Kirchen der *Epitáphios*, das symbolische Grab Christi, von Mädchen und Frauen mit Blumen geschmückt. Nach dem Abendgottesdienst wird der Epitáphios gegen 21 Uhr in feierlicher Prozession durch das Dorf getragen.

**Ostersamstag, 4. Mai 2002 bzw. 26. April 2003:** Gegen 23 Uhr gehen nahezu alle Kreter zur Kirche. Kurz vor Mitternacht verlöschen in der Kirche alle Lichter bis auf das Ewige Licht einer Öllampe. Nach kurzem Schweigen verkündet der Priester die Auferstehung Christi und entzündet eine Kerze am Ewigen Licht. Alle Kirchgänger entzünden nacheinander ihre Kerzen daran, Kinder und Jugendliche lassen Silvesterknaller explodieren. Die Liturgie wird im Freien fortgesetzt. Am Ostersonntag werden überall Lämmer und Zicklein am Spieß gegrillt, man feiert mit Freunden und der oft von weither zusammengekommenen Familie.

**Mariä Entschlafung, 15. August:** Am Tag, an dem Maria starb und Jesus die Seele seiner Mutter gen Himmel trug, feiert ganz Griechenland. Oft beginnen Musik und Tanz auf den Dorfplätzen schon am Vorabend. In dieser Zeit werden zahlreiche kulturelle Veranstaltungen organisiert.

**Feierlich: Karfreitag in Krítsa**

## Festivals

Den ganzen Sommer über werden in den kretischen Städten und auch in manchen Dörfern **Kulturfestivals** veranstaltet. Theaterensembles, Ballettgruppen und Orchester aus anderen Teilen Griechenlands und manchmal gar aus dem Ausland werden zu Gastspielen eingeladen. Ein besonders hohes Niveau erreichen in der Regel das Renaissance-Festival in Réthimno und das Sommer-Festival in Iráklio.

Vor allem Folklore wird bei örtlichen **Erntefesten** geboten wie dem Weinfest in Réthimno, dem Kastanienfest in Élos oder dem Sultaninenfest in Sitía (nähere Angaben zu den einzelnen Festen jeweils bei den Ortsbeschreibungen).

**Kirchweihfeste (Panigíria):** Sie werden jeweils am Patronatstag des Heiligen begangen, dem die Hauptkirche im Dorf oder Stadtteil geweiht ist. Manchmal besteht solch ein Fest nur aus einem Gottesdienst, an den sich gelegentlich eine Prozession mit der Patronatsikone anschließt. Häufig werden am Vorabend des Festes und am Festtagsabend selbst Musik- und Tanzveranstaltungen auf dem Dorfplatz organisiert. Die Termine wichtiger Panigíria sind bei den jeweiligen Ortsbeschreibungen genannt. In vielen Kirchen oder Klöstern kann man einen Kalender mit allen Namenstagen der orthodoxen Kirche kaufen.

## Nationalfeiertage

Anlass für die beiden gesamtgriechischen Nationalfeiertage sind jeweils kriegerische Ereignisse.

**25. März:** Gedenken an den offiziellen Beginn des griechischen Befreiungskampfes gegen die Türken 1821. In allen Städten und den meisten Dörfern ziehen Prozessionen zum örtlichen Gefallenendenkmal. Interessanter als Polizisten, Soldaten und kirchliche Würdenträger sind dabei die jüngeren Schüler, die zu diesem Anlass Nationaltrachten tragen.

**28. Oktober:** An diesem Tag gedenkt man des ›Großen historischen Neins‹, das 1940 die Antwort des griechischen Diktators Metáxas auf ein Ultimatum Mussolinis war. Daraufhin versuchten italienische Truppen, in Griechenland einzumarschieren; Hellas trat in den Zweiten Weltkrieg ein. In Iráklio finden an diesem Tag Militärparaden statt, anderswo Prozessionen zu den Gefallenendenkmälern.

# Essen & Trinken

Ein Urlaub auf Kreta kann auch zu einer kulinarischen Entdeckungsreise werden, wenn man sich von der Vorstellung löst, dass die griechische Küche nur aus Mussaká, Suvláki, Tzazíki und griechischem Bauernsalat besteht. Gerade die Gerichte, deren Übersetzung den Kretern auf Speisekarten schwer fällt, sind meist die eigentlichen Spezialitäten. Gute kretische Küche findet man in Bergdörfern und größeren Städten leichter als in den reinen Badeorten, wo die Preise zumeist auch noch höher liegen. So wie man für eine Tasse Kaffee an manchen Uferpromenaden 3 €, in Bergdörfern aber nur 1 € bezahlt, sagen auch die Essenspreise nicht immer viel über die Qualität aus.

## Wie und wann?

Vielen Kretern genügt eine Tasse Kaffee oder ein Glas heiße Milch zum **Frühstück**, in die Brot oder Zwieback eingetunkt wird. Die Hotels haben sich auf mitteleuropäische Gewohnheiten eingestellt und bieten häufig gute Frühstücksbüffets. In Badeorten kann man außerdem den ganzen Tag über in Cafés und Tavernen ein englisches Frühstück oder Joghurt mit Honig und Nüssen bestellen.

Das **Mittagessen** nehmen Griechen meist erst gegen 14 Uhr ein. Die Tavernen öffnen dennoch schon gegen 11 Uhr und bleiben traditionell bis weit nach Mitternacht durchgehend geöffnet. Wo die Gäste überwiegend Urlauber sind, schließen die besseren Restaurants oft am Nachmittag zwischen 15 und 18 Uhr.

Hauptmahlzeit für die Griechen ist das **Abendessen**. Man nimmt es häufig zusammen mit Freunden ein, im Sommer meist erst abends nach 22 Uhr. Sitzen Griechen zusammen an einem Tisch, zahlt einer für alle. Dass Urlauber manchmal getrennte Rechnungen verlangen, ist für viele Kellner immer noch ein Problem – man sollte es schon bei der Bestellung ankündigen.

## Lokaltypen

Auf Kreta gibt es verschiedene Arten von Lokalen mit jeweils eigenen Bezeichnungen, aus denen man oft schon sehr genau den Schwerpunkt ihres Angebots herauslesen kann. Die wichtigsten:

**Estiatorión:** Restaurant europäischen Stils, große Auswahl.

**Tavérna:** Esslokal traditioneller Art, meist einfach, aber stimmungsvoll dekoriert. Die Grenzen zwischen Restaurant und Taverne verschwimmen oft.

**Mezedopolíon** oder **Ouzerí:** Anderswo in Griechenland trinkt man in diesen Lokalen vor allem den Anisschnaps Oúzo, auf Kreta den heimischen Tresterschnaps Rakí. Dazu hat man eine große

Auswahl an kleinen Vorspeisen und Tellergerichten, ähnlich den spanischen Tapas. Oft sind darunter exzellente kretische Spezialitäten. Neben Schnaps werden auch Bier, Wein und Softdrinks serviert.
**Zacharoplastíon:** In der Konditorei erhält man Teigtaschen wie *tirópitta,* orientalisches Gebäck aller Art und häufig auch *lukumádes,* in heißem Fett ausgebackene Teigbällchen, die mit Honig und Sesam serviert werden.
**Kafenío(n):** Das Kaffeehaus ist traditionell der Treffpunkt der Männerwelt, aber gegen ausländische Besucherinnen hat niemand etwas einzuwenden. Hier wird vor allem Kaffee oder Rakí getrunken und endlos Karten oder Távli (eine Art Backgammon) gespielt. Zu essen gibt es meist nichts.

## Spezialitätenlexikon

**achinósalata:** Seeigelsalat
**amelétitta:** Schafshoden
**fáva:** Püree aus gelben Erbsen, vom Gast mit Olivenöl und Zwiebeln zu mischen
**juvétsi:** Lamm- oder Rindfleisch mit reiskornförmigen Nudeln
**kalitsúnia:** warme, mit Frischkäse und Spinat gefüllte, manchmal zusätzlich mit Honig übergossene Blätterteigtaschen
**kléftiko:** mit Kartoffeln und manchmal auch etwas Gemüse im Backofen gegartes Lammfleisch
**kokorétsi:** in Darm gewickelte, am Spieß gegrillte Innereien, die man meist mit Senf isst
**mussaká:** Auflauf aus Auberginen, Zucchini, Kartoffeln und Hackfleisch unter einer Béchamel-Sauce
**pastítsjo:** Auflauf aus Nudeln und Hackfleisch unter einer Béchamel-Sauce
**salingária:** Schnecken
**spanakópittes:** mit Spinat gefüllte Teigtaschen
**stifádo:** Rindfleisch- oder Kaninchengulasch mit Zwiebelgemüse in einer würzigen Tomaten-Zimt-Sauce
**tiropittákia:** kleine, mit Käse gefüllte Teigtaschen

## Getränke

Allerweltsgetränke internationaler Provenienz wie Cola und Bier aus Flaschen oder vom Fass sind überall erhältlich. Die Auswahl an kretischen Flaschenweinen ist groß; häufig wird auch Wein vom Fass (*chimá*) angeboten. Will man Wasser bestellen, muss man zwischen *sóda* (mit Kohlensäure) und *neró* (ohne Kohlensäure) unterscheiden.

Eine Wissenschaft für sich ist die Bestellung von **Kaffee**. Filterkaffee (*kafé fíltro*) gibt es nur in Ausnahmefällen. Statt dessen trinkt man löslichen Kaffee, der grundsätzlich *ness* genannt wird. Man bekommt ihn heiß (*sestó*) oder kalt und schaumig geschlagen (*frappé*). Häufig muss man auch noch angeben, ob man ihn mit oder ohne Milch wünscht (*mä gala* oder *chorís gála*).

Den griechischen Kaffee (*kafés ellinikós*) trinkt man immer ohne Milch. Das Kaffeepulver wird zusammen in einem kleinen Stilkännchen mit Wasser und Zucker aufgekocht, der Kaffee dann in kleinen Mokkatassen mit dem Satz serviert. Schon bei der Bestellung muss man – wie auch beim *frappé* – den gewünschten Süßegrad angeben: *skétto:* ohne Zucker, *métrio:* mittel, *glikó:* süß.

# Sport & Freizeit

## Wassersport

**Baden** ist überall erlaubt. Das Wasser ist stets sauber; Quallen kommen nur selten vor. Auf steinigem Untergrund muss man mit Seeigeln rechnen. Privatstrände gibt es nicht; Kurtaxe wird nirgendwo erhoben. Sicherheitsvorkehrungen wie an Nord- und Ostsee darf man nicht erwarten: Rote, gelbe und grüne Flaggen werden nur an wenigen Hotelstränden gesetzt; eine Art DLRG gibt es nur an langen, viel besuchten Stränden. Sonnenliegen und -schirme werden fast überall vermietet (Schirm und zwei Liegen ca. 5–7 €/Tag); Schirme aus Palmstroh ersetzen zunehmend Stoff- und Plastikschirme.

Besonders kleinkinderfreundlich ist der Sandstrand von Frangokástello an der Südküste: Hier fällt das Ufer auf breiter Front extrem flach und sandig ab, so dass man gefahrlos mehrere hundert Meter weit ins Libysche Meer waten kann.

Spaßbäder mit vielen Pools und langen Wasserrutschen liegen im Trend. Sie finden sie bei Chaniá (s. S. 40), Kókkini Cháni (s. S. 59) und bei Liménas Chersonísou (s. S. 61).

**Wassersport** kann man an vielen Stränden betreiben. Vor allem in der Nähe großer Hotels besteht die Möglichkeit, Kanus, Tretboote und Surfboards zu leihen, Wasserski zu fahren oder sich am Fallschirm übers Meer ziehen zu lassen. Wegen der Vielzahl der Angebote wird in diesem Führer bei den Ortsnennungen nur auf solche Wassersportzentren hingewiesen, die auch gut organisierte Kurse für Wassersportler anbieten. **Tauchsportler** kommen ebenfalls auf ihre Kosten. Um den Raub archäologischer Unterwasserfunde zu verhindern, ist das Flaschentauchen nur in ausgewählten Tauchzonen und mit Führer zulässig.

## Tennis und Reiten

**Tennisplätze** findet man vor allem in den großen Strandhotels. Meist sind sie deren Gästen vorbehalten. Gute Tennisschulen gibt es in Liménas Chersonísou und Réthimno. Reitställe sind auf Kreta selten und erfüllen keine hohen sportlichen Ansprüche. Golfer finden einen 9-Loch-Platz im Hotel Porto Eloúnda (s. S. 45).

**Beliebter Wassersport an den Stränden – Kanufahren**

## Mountainbiking und Wandern

Geführte **Mountainbike-Touren** werden insbesondere von den Badeorten an der Nordküste aus angeboten. Pionier und Marktführer ist dabei das Unternehmen ›Hellas Bike Travel‹, das in mehreren Orten Zweigbüros unterhält.

Meist werden pro Tag zwei verschiedene Touren angeboten, eine für jedermann und eine für ausgefuchste Mountainbiker. Die einzelnen Mountainbike-Stationen sind bei den jeweiligen Ortsbeschreibungen genannt; allgemeine Auskünfte erteilt Sportvisions AG Hellas Bike Travel, Ottobrunner Str. 6, 81737 München, Tel. 089/68 90 64 80, Fax 68 90 64 89, www.hellasbike.com

**Kretas Schluchten** sind eine Erlebniswelt für sich. Manche sind wie die Imbrós-Schlucht (Extra-Tour 3, s. S. 88) sehr einfach von der ganzen Familie zu durchwandern, andere wie die Aradéna-Schlucht erfordern gute Kondition und außerdem Schwindelfreiheit. Bei allen Schluchtenwanderungen besteht für motorisierte Urlauber jedoch das Problem, zum Ausgangsort zurückzukommen; Linienbusreisende müssen oft lange auf einen Bus warten. Am einfachsten lassen sich Schluchten daher erleben, wenn man sich geführten Wanderungen anschließt. Touren durch die weltberühmte und deswegen völlig überlaufene Samariá-Schlucht (Extra-Tour 3, s. S. 88) werden von vielen Reisebüros in ganz Kreta angeboten. Geführte Wanderungen durch andere, teils bisher kaum begangene Schluchten bieten mehrere Spezialbüros an. Ihre Adressen finden Sie bei den Ortsbeschreibungen von Plakiás (s. S. 71) und Réthimno (s. S. 73).

## Kinder

Ein Traum wird für Kinder wahr, wenn sie mit der Pferdekutsche durch Chaniá fahren dürfen. Ebenso toll: Ein Ponyritt am Spaßbad ›Star Water Park‹ westlich von Liménas Chersonísou. Fahrten mit kleinen Eisenbahnzügen auf Gummirädern werden in Plakiás, Réthimno und Georgioúpoli angeboten.

# Sprachführer

Kreter, die viel mit Urlaubern zu tun haben, sprechen fast immer Englisch und oft auch Deutsch. Fast alle Hinweisschilder sind in griechischer und lateinischer Schrift gehalten. Bei der Aussprache griechischer Wörter und Ortsnamen ist die richtige Betonung (auf dem Vokal mit dem Akzent) sehr wichtig.

### Das griechische Alphabet

| groß | klein | Aussprache | Umschrift |
|---|---|---|---|
| Α | α | **a** | / a |
| Β | β | **w** | / v (w) |
| Γ | γ | **j** vor I und E, sonst wie weiches **g** | / g (j, y) / g (gh) |
| Δ | δ | wie im Engl. ›**th**e‹ | / d (dh) |
| Ε | ε | **ä** | / e (ä) |
| Ζ | ζ | **s** | / z (s) |
| Η | η | **i** | / i |
| Θ | θ | wie im Engl. ›**th**anks‹ | / th |
| Ι | ι | **i**, vor A wie **j** | / i (j) |
| Κ | κ | **k** | / k |
| Λ | λ | **l** | / l |
| Μ | μ | **m** | / m |
| Ν | ν | **n** | / n |
| Ξ | ξ | **x** | / x (ks) |
| Ο | ο | wie in ›**o**ft‹ | / o |
| Π | π | **p** | / p |
| Ρ | ρ | **r** gerollt wie im Italienischen | / r |
| Σ | σ | wie in ›Ta**ss**e‹ | / ss (s) |
| Τ | τ | **t** | / t |
| Υ | υ | **i**; nach A und E wie **w** vor stimmhaftem Konsonant, wie **f** vor stimmlosem | / y (i) / w (v) / f (v) |
| Φ | φ | **f** | / f (ph) |
| Χ | χ | wie in ›i**ch**‹ vor Konsonanten und dunklen Vokalen; wie in ›a**ch**‹ vor hellen Vokalen | / ch |
| Ψ | ψ | **ps** | / ps |
| Ω | ω | wie in ›**o**ft‹ | / o |

**Buchstabenkombinationen**

| | | | |
|---|---|---|---|
| ΑΙ | αι | **ä** | / e (ä) |
| ΓΓ | γγ | **ng** | / ng |
| ΕΙ | ει | **ie** | / i |
| ΜΠ | μπ | **b** im Anlaut | / b |
| | | **mb** im Wort | / mb |
| ΝΤ | ντ | **d** im Anlaut; | / d |
| | | **nd** im Wort | / nd (nt) |
| ΟΙ | οι | **i** | / i |
| ΟΥ | ου | **u** | / ou (u) |
| ΤΖ | τξ | **ds** | / tz (ds) |

### Nützliche Worte

| | |
|---|---|
| Guten Tag! | Kalí méra! |
| Guten Abend! | Kalí spéra! |
| Gute Nacht! | Kalí níchta! |
| Hallo! (per du) | Jássu! |
| Hallo! (per Sie oder mehrere) | Jássas |
| Auf Wiedersehen! | Adío! |
| Bitte! | Parakaló! |
| Danke! | Efcharistó! |
| Entschuldigung! | Singnómi! |
| ja/jawohl | nä/málista |
| nein | óchi |
| Es gefällt mir (nicht) gut/schlecht | (den) maréssi kaló/kakó |

# Die wichtigsten Sätze

**Auskünfte**

| | |
|---|---|
| Gibt es...? | échi...? |
| Wo ist...? | pu íne...? |
| Wie spät ist es? | ti óra íne? |
| Wieviel kostet das? | pósso káni aftó? |
| Was wünschen Sie? | ti théle-te? |
| Wo ist die Toilette, bitte? | pú íne tualétta parakaló? |

**Unterkunft**

| | |
|---|---|
| Haben Sie ein freies Zimmer? -; | échete éna eléfthero domátio? |
| ... für eine Nacht | ... ja éna vrádi |

**Unterwegs**

| | |
|---|---|
| Hafen/Schiff | limáni/karáwi |
| Station/Bus | stathmós/leoforío |
| Motorrad/Auto | motosikléta/aftokínito |
| Wann fährt er/es ab? | póte thá féwji? |
| Wie viele Kilometer bis...? | póssa chiliómetra sto...? |
| Wo fährt der Bus nach...? | pú féwji tó leoforío já...? |
| Wann fährt der letzte Bus nach...? | póte féwji tó tleftéo leoforió já...? |
| Ist das der Weg nach...? | íne aftós ó drómos já...? |

**Orientierung:**

| | |
|---|---|
| links | aristerá |
| rechts | deksjá |
| geradeaus | efthían |
| hinter, zurück | píso |
| weit | makría |
| nah | kondá |

**Tageszeiten:**

| | |
|---|---|
| Vormittag | proí |
| Mittag | mésimeri |
| Nachmittag | apógevma |
| Abend/Nacht | vrádi/níchta |

**Im Restaurant:**

| | |
|---|---|
| Speisekarte | katálogos |
| Rechnung | logarjasmó |
| Zahlen, bitte | pliróssomä, parakaló |
| eine Portion | mía merída |
| zwei Portionen | dío merídes |
| Wasser | näró |
| Brot | psomí |
| mit (ohne ) Zucker | mä (chorís) záchari |
| mit Milch | mä gála |

**Zahlen:** Die Eins zeigt man mit dem Zeigefinger, der Daumen kommt erst für die Fünf hinzu!

| | | | |
|---|---|---|---|
| 1 | énas (männl.), mía (weibl.) | 40 | saránda |
| | | 50 | penínda |
| | | 60 | eksínda |
| 2 | dío | 70 | eftomínda |
| 3 | tría, tris | 80 | októnda |
| 4 | téssera, tésseris | 90 | enneninda |
| | | 100 | ekató |
| 5 | pénde | 200 | diakósja |
| 6 | éksi | 300 | triakósja |
| 7 | eftá | 400 | tetrakósja |
| 8 | októ | 500 | pendakósja |
| 9 | ennéa | 600 | eksakósja |
| 10 | déka | 700 | eptakósja |
| 11 | éndeka | 800 | oktakósja |
| 12 | dódeka | 900 | ennjakósja |
| 13 | dekatría | 1000 | chílja |
| 14 | delatéssera | 2000 | dío chiljádes |
| 20 | íkossi | | |
| 21 | íkossi ena | 1 Mio. | éna ekatomírrio |
| 30 | triánda | | |

## Information

**Fremdenverkehrsämter in Deutschland**
Neue Mainzer Str. 22, 60311 Frankfurt/M., Tel. 069/23 65 62, Fax 23 65 76. E-Mail info@gzf-eot.de
Wittenbergplatz 3A, 10789 Berlin, Tel. 030/217 62 62, Fax 217 79 65.
Neuer Wall 19, 20354 Hamburg, Tel. 040/45 44 98, Fax 44 96 48.
Pacellistr. 5, 80333 München, Tel. 089/22 20 35, Fax 29 70 58.

**... in Österreich**
Opernring 8, 1010 Wien, Tel. 0222/512 13 57, Fax 513 91 89, E-Mail grect@vienna.at.

**... in der Schweiz**
Löwenstr. 25, 8001 Zürich, Tel. 01/221 01 05, Fax 212 05 16, E-Mail eot@bluewing.ch.

**Tourist-Information auf Kreta**
Büros der Griechischen Zentrale für Fremdenverkehr (EOT) gibt es in Iráklio, Réthimno und Chaniá, städtische Auskunftsbüros in Ágios Nikólaos, Paleochóra und Sitía.

**Informationen im Internet**
www.griechenland-hellas.de
www.info-guide-kreta.de
www.infocrete.com (100 Links)
www.gr-indexer.gr (Suchmaschine)

## Reisezeit

Für einen Badeurlaub sind die Monate Mai bis September am besten geeignet. Auch im Oktober und November ist das Meer noch über 18 °C warm, aber in beiden Monaten muss man schon mit jeweils sechs Regentagen rechnen. Die regenreichsten Monate sind mit zehn bzw. zwölf Regentagen Dezember und Januar. Im Landesinnern kann es dann in Höhenlagen ab etwa 500 m auch zu länger anhaltenden Schneefällen kommen. Für eine Rundreise sind April, Mai und September zu bevorzugen. Das Frühjahr ist dabei mit seinem Blütenreichtum und den teilweise noch schneebedeckten Berggipfeln landschaftlich reizvoller, der Herbst lockt mit dem wärmeren Wasser. Von kurzen Gewitterschauern abgesehen vollkommen regenfrei sind der Juli und August, die allerdings auch mit durchschnittlichen Tageshöchsttemperaturen von 29 °C aufwarten. Weht der Südwind Schirocco von der Sahara her, kann das Thermometer aber auch schon im Mai für ein paar Tage auf über 40 °C steigen.

## Einreise

Ein gültiger Personalausweis genügt. Kinder unter 16 Jahren müssen im Pass der Eltern eingetragen sein oder einen eigenen Kinderausweis (ab zehn Jahren mit Lichtbild) besitzen.

Bei der Einreise mit dem eigenen Fahrzeug sind nationaler Führerschein und Kraftfahrzeugschein vorzulegen. Die Mitnahme der Internationalen Grünen Versicherungskarte wird empfohlen.

Für Hunde müssen mitgeführt werden: ein internationaler Impfausweis mit amtstierärztlichem Gesundheitszeugnis (max. 14 Tage alt) und ein Nachweis über erfolgte Tollwutimpfung (max. ein Jahr alt) in engl. oder frz. Sprache.

**Zollbestimmungen:** Beim Transfer von Waren zum persönlichen Gebrauch von einem Mitgliedsstaat der EU nach Kreta gelten keine Mengenbegrenzungen. Vor Flügen von Griechenland in die Schweiz (200 Zigaretten, 1 l Spirituosen) sind Dutyfree-Einkäufe möglich; nicht mehr jedoch bei Reisen in der EU.

## Anreise

### Mit dem Flugzeug

Im Charterverkehr werden die Flughäfen von Iráklio und Chaniá im Sommerhalbjahr direkt von vielen Abflugorten in allen deutschsprachigen Ländern angeflogen. Wer per Linie nach Kreta fliegen will, muss immer in Athen umsteigen; von dort fliegen verschiedene griechische Fluggesellschaften mehrmals tgl. nach Iráklio und Chaniá sowie 1x wöchentlich nach Sitía. Weitere Verbindungen ab Iráklio mit verschiedenen Airlines nach Rhodos, Santorin (Thíra) und Thessaloníki.

Mietwagen können bei mehreren Gesellschaften in den Flughäfen von Iráklio und Chaniá gemietet werden, in Iráklio außerdem Motorräder und Mopeds. In beiden Flughäfen gibt es auch Bankschalter, die meist zu Flugankünften geöffnet sind.

**Flughafen Iráklio:** 5 km östlich der Stadt. Linienbusverbindung in die Innenstadt und zum Fernbusbahnhof zwischen 5 und 23 Uhr alle 5–10 Minuten, Abfahrt direkt vor dem Terminal (ca. 0,5 €). Taxitarife in andere Orte sind am Taxistand angeschlagen. Bus- und Schiffsfahrpläne hängen am Info-Schalter der Griechischen Fremdenverkehrszentrale in der Ankunftshalle aus.

**Flughafen Chaniá:** 14 km nordöstlich der Stadt auf der Halbinsel Akrotiri. Busverbindung in die Innenstadt nur zu Ankünften von Olympic Airways (ca. 1,5 €), sonst Taxi (ca. 7 €).

**Flugplatz Sitía:** 3 km nördlich der Stadt, nur Taxi (ca. 2,5 €).

### Mit der Fähre

Fähren von Italien nach Kreta gab es 2001 nicht mehr. Über die konkrete Situation im Sommer 2002 informieren die Reisebüros.

Man kann aber von einem der italienischen Fährhäfen bis Patras auf dem Peloponnes fahren, von dort über Land nach Piräus und weiter per Fähre. Innergriechisch sind Chaniá, Iráklio, Réthimno und Sitía täglich mit Piräus verbunden. Außerdem bestehen Verbindungen mit Kárpathos, Rhodos und vielen Kykladen-Inseln. Von Kíssamos aus gelangt man mehrmals wöchentlich nach Kíthira, zu Häfen auf dem Peloponnes und 1 x wöchentlich nach Piräus. Die Hauptfährverbindungen können von deutschen Reisebüros direkt über Computer abgerufen und gebucht werden.

Im Internet sind alle innergriechischen Fährverbindungen abrufbar unter: www.gtpnet.com

## Unterwegs auf Kreta

### Mit dem Bus

Linienbusse verbinden die Städte untereinander sowie fast alle Dörfer mit den jeweiligen Bezirkshauptstädten. An den Haltestellen hängen keine Fahrpläne aus, wohl aber an den Busbahnhöfen der Städte. Dort sind auch gedruckte bzw. hektographierte Fahrpläne zum Mitnehmen erhältlich. An Busbahnhöfen kauft man die Fahrkarte im Voraus, ansonsten beim Schaffner im Bus. 100 km Busfahrt kosten ca. 6,5 €.

## Mit dem Taxi

In allen Städten und Touristenzentren sind Taxen zahlreich. Man unterscheidet zwei Arten von Taxen: Das Taxi mit Taxameter und das ländliche Agoraion, in dem der Fahrpreis nach Kilometerzähler berechnet wird. Taxifahren ist relativ preiswert: Pro Kilometer zahlt man bei einfachen Fahrten ca. 0,40 €, bei Rundfahrten 0,25 €. Zuschläge werden für Fahrten von Flughäfen und Häfen, für Gepäck, für telefonische Bestellung sowie in der Weihnachts- und Osterzeit erhoben. Zwischen 23 und 5 Uhr verdoppelt sich der Fahrpreis.

## Mit Auto und Motorrad

Das kretische Straßennetz ist gut ausgebaut. Auf Schnellstraßen werden die Standspuren als Fahrbahn genutzt: Man muss immer mit plötzlichen Fahrbahnverengungen, stehenden oder sehr langsamen Fahrzeugen rechnen.

Kretas Straßen sind sehr kurvenreich; Kreter schneiden gern die Kurven – also immer ganz rechts fahren und vor unübersichtlichen Kurven hupen! Nach Regenfällen verwandeln sich die meisten Straßen in Rutschbahnen, nach Wolkenbrüchen in Sturzbäche. Äußerste Vorsicht ist dann angebracht.

Im Stadtverkehr stellen Mopeds und Motorräder die größte Gefahr dar, weil sie links und rechts überholen und sich nicht an Einbahnstraßenregelungen halten.

**Leihwagen:** Mietwagen werden in allen Städten und Touristenzentren in großer Zahl angeboten. Sonderangebote sind häufig, Rabatte auf Nachfrage leicht zu erzielen. Vollkaskoversicherung wird immer angeboten, deckt jedoch nie Schäden an den Reifen und an der Wagenunterseite ab. Das Mindestalter für Mieter ist meist 23, manchmal nur 21 Jahre. Einen Kleinwagen wie den Fiat Punto erhält man ab etwa 190 €/Woche inkl. aller Versicherungen.

**Mopeds und Motorräder:** Mopeds werden in allen Städten und Urlauberzentren vermietet, ab 125 ccm ist ein Motorradführerschein erforderlich.

Wer direkt am Flughafen auf sein Zweirad steigen möchte, kann sich in der Ankunftshalle des Flughafens Iráklio an folgende Vermieter wenden:
Motorclub, Tel. 081/022 33 10,
Fax 022 28 62, und Motorsport
Bike Rental, Tel. 081/024 12 90.
Eine 350er Enduro kostet je nach
Saison inkl. Vollkasko ca.
220–240 € pro Woche.

**Verkehrsregeln:** Zulässige Höchstgeschwindigkeit innerorts 50 km/h, auf Landstraßen 90 km/h, auf Schnellstraßen 100 km/h. Promillegrenze 0,5. Sonst wie bei uns.

**Tankstellen:** Zahlreich, fast überall gibt es bleifreies Benzin.

## Organisierte Ausflüge

Eine Tour wird auf ganz Kreta angeboten: die zur berühmten Ausgrabungsstätte Knossós und ins Archäologische Museum von Iráklio mit den einzigartigen Funden aus der Minoer-Zeit. Dieser Ausflug lohnt, denn mit guter Führung hat man von beiden Stätten mehr. Auch die anderen ›Must‹-Ziele wie die Messara-Ebene mit den Stätten von Festos (Phaistos) und Gortis (Gortyn), die Lassithi-Ebene mit der Zeus-Höhle sowie Ausflüge in die Altstädte von Réthimno und Chaniá werden als organisierte Touren mit Führung angeboten – meist schließen sie die Einkehr in einem dörflichen Lokal ein.

## Unterkünfte

Auf Kreta werden ca. 200 000 Fremdenbetten vermietet. Pensionen und kleine Apartmenthäuser stehen in nahezu allen Küstenorten; selbst in vielen Bergdörfern findet man mittlerweile zumindest einfache Unterkünfte, die sich durchaus für eine Zwischenübernachtung eignen. First-Class- und Luxushotels konzentrieren sich auf die Nordküste, gute Mittelklassehotels sind an fast allen Stränden zu finden.

Wer gern stilvoll in historischen Gebäuden wohnt, findet in den Städten Réthimno und Chaniá ein großes Angebot in verschiedenen Preisklassen. Reservierungen sind nur notwendig, wenn man im August reist oder in einem ganz bestimmten Quartier unterkommen will. In diesem Fall empfiehlt es sich, zumindest am Morgen des Ankunftstages anzurufen.

In jeder Art von Quartier muss der Zimmerpreis an der Rezeption und im Zimmer selbst aushängen. Die Tarife sind staatlich genehmigt und dürfen nicht überschritten werden. Außerhalb der Saison bieten aber viele Vermieter niedrigere Preise an – vor allem, wenn man länger als vier Tage bleibt.

**Hotels:** Alle griechischen Hotels werden vom Staat klassifiziert. Die Kategorien reichen von Luxus über A bis E hinunter. Sie sagen zwar etwas über Zimmergröße, Einrichtung und Zusatzangebote der Hotels aus, aber nichts über Erhaltungszustand oder Service. Frühstück ist nur in Hotels der höheren Kategorien im Preis inbegriffen; Halbpension bieten meist nur größere Strandhotels.

**Pensionen und Privatzimmer:** Kreta ist eine Insel der Individualisten, daher ist das Angebot an Privatquartieren groß. Unterschieden wird zwischen *domátia* (Zimmern), *garzoniéres* (Studios mit Kochgelegenheit) und *diamerísmata* (Apartments mit Küche). Die Preise sind in der Regel günstiger als für vergleichbare Hotelzimmer.

**Camping:** Auf der Insel gibt es 17 Campingplätze. Die meisten sind nur von April bis Oktober geöffnet. Wildes Zelten ist verboten.

**Jugendherbergen:** Offizielle Jugendherbergen gibt es in Iráklio, Liménas Chersonísou, Chaniá und Sitía. Schöne private Jugendherbergen sind im Sommer in Plakiás und Mírthios an der Südküste zu finden.

## Behinderte

Körperbehinderte können zwar mit viel Hilfsbereitschaft rechnen, doch fehlen spezielle Einrichtungen ganz. Ein deutschsprachiges Reisebüro, dass sich auf behinderte Urlauber spezialisiert hat, ist:
Kedros Reisen Harald Leutsch,
P.O. Box 125, GR-74100 Réthimno, Tel./Fax 0831/05 45 88.

# Orte v

Idyllische Orte und minoische Altertümer, einsame Traumstrände am Kretischen und am Libyschen Meer sowie unvergessliche Ausflüge in liebliche und raue Landschaften, Unterkünfte für Individualreisende, die urigsten Tavernen und die besten Restaurants zwischen Chaniá und Sitía, typische Lokale mit kretischer Musik und Discos für Nachtschwärmer – die-

# on A-Z

ser Führer zur größten griechischen Insel, Kreta, gibt Ihnen nützliche Tipps und ausgesuchte Adressen an die Hand, damit Ihr Urlaub zum Erlebnis wird! Und dem, der auf Kreta Besonderes sehen möchte, dem seien die Extra-Touren empfohlen. Kreta in kompakter, überschaubarer Form, für den, der viel sehen und nichts verpassen will ...

# Orte von A–Z

**Alle interessanten Orte und ausgewählte touristische Highlights auf einen Blick – alphabetisch geordnet und anhand der Lage- bzw. Koordinatenangabe problemlos in der großen Extra-Karte zu finden.**

## Agía Galíni

**Lage:** H 5
**Vorwahl:** 0832
**Einwohner:** 750

Gut für kontakt- und gehfreudige Urlauber. Der Badeort mit etwa 4000 Fremdenbetten entstand in den 70er Jahren aus einem Fischerdorf mit nur sechs Familien. Heute bedecken Hotels und Pensionen das Mündungstal eines Trockenbaches und klettern die steilen Hänge an seinem Ufer empor. Der gesamte tavernenreiche Ortskern ist Fußgängerzone.

Der **Ortsstrand** liegt 5–20 Gehminuten vom Hafen entfernt und besteht überwiegend aus großen Kieselsteinen (teilweise FKK üblich). Zwar sind kleinere Sandflächen künstlich aufgeschüttet, doch sind Bootsausflüge zu **Sandstränden in der weiteren Umgebung** (s. u.) sehr beliebt.

Mit dem **Boot** geht es tgl. zu den Paximádia-Inseln, zu den Sandstränden Ágios Pávlos und Préveli sowie zum Kiesstrand von Ágios Geórgios.

**Avra:** Oberhalb der Hauptstraße im neuen Hotelviertel, Tel. 09 14 76, Fax 09 15 44, günstig.
Ruhig und gepflegt, 22 der 25 Zimmer mit Meerblick, etwa 10 Gehminuten zum Hafen.
**El Greco:** An der Hauptstraße im oberen Ortsteil, Tel. 09 11 87, Fax 09 14 91, teuer.
Der Wirt spricht gut Englisch. Frühstücksterrasse und viele Zimmer mit phantastischem Ausblick. Die zur Straße ohne Ausblick und laut.

**Kosmas:** An der oberen Fußgängergasse im Zentrum, moderat.
Gute Fischsuppe, viele kretische Spezialitäten.

**Busverbindungen:** Mehrmals tgl. über Festós mit Iráklio (78 km) und Réthimno (56 km); im Sommer auch mit Chaniá, Préveli, Chóra Sfakíon, der Omalós-Hochebene (Samariá-Schlucht).

## Agía Pelagía

**Lage:** K 3
**Vorwahl:** 081
**Einwohner:** 50

| | |
|---|---|
| Sightseeing | Camping |
| Baden/Strände | Restaurants |
| Sport & Freizeit | Shopping |
| Ausflüge | Nightlife |
| Information | Feste |
| Hotels | Verkehr |

Ein Ort aus der Retorte mit komfortablen Hotels, aber keinerlei kretischer Atmosphäre. Nur dem zu empfehlen, der zum Glücklichsein nicht mehr als Sonne, Meer und ein schönes Hotel braucht.

Extrem schmaler **Sandstrand** vor ebenso schmaler Uferpromenade, weitere Buchten zu Fuß erreichbar.

Viele **Wassersportmöglichkeiten** in den Hotels und am Ortsstrand.

**Capsis Beach:** 15 Min. zu Fuß vom Zentrum, auf einer ruhigen Halbinsel, Tel. 081 10 03, Fax 081 12 90, E-Mail capsis-crete @capsis.gr, teuer.
First-Class-Hotel mit 2 Pools, Privatstrand und Animationsprogramm für Kinder und Erwachsene.

3–5x tgl. Busverbindung mit Iráklio (28 km).

## Agía Rouméli

**Lage:** C 6
**Extra-Tour 3:** s. S. 88
**Einwohner:** 60

Der winzige, nach 1954 neu erstandene Küstenort ohne Straßenanbindung ist das Ziel aller Sariá-Schluchtenwanderer. Schattenloser Kiesstrand, Massenabfertigung in den Lokalen. Am besten gleich weiterfahren!

**Boote:** Im Sommerhalbjahr bis zu 5x tgl. nach Soúgia und Paleochóra sowie Loutró und Chóra Sfakíon.

## Agía Triáda

**Lage:** H 5
**Extra-Tour 1:** s. S. 84
**Geöffnet:** Tgl. 8.30–15 Uhr

Aus der Zeit um 1600 v. Chr. stammen die idyllisch gelegenen Überreste einer spätminoischen Stadt mit kleinem Palast. In ihm wurden viele der heute im Museum von Iráklio ausgestellten Wandmalereien sowie die berühmte Schnittervase gefunden. Seine Funktion so nahe am großen Palastzentrum von Festós (s. S. 46) bleibt unbekannt. Um 1400 v. Chr. entstand über den Ruinen des minoischen Komplexes eine mykenische Siedlung mit einer auf Kreta einzigartigen Agorá, einem Marktplatz mit acht ladenartigen Räumen in einer lang gestreckten Halle.

**Anreise:** Linienbus nur bis zum 3 km entfernten Festós, von dort Asphaltstraße.

## Ágios Geórgios

**Lage:** N 4
**Extra-Tour 2:** s. S. 86
**Vorwahl:** 0844
**Einwohner:** 800

Das noch sehr ursprüngliche Dorf mit vielen Kaffeehäusern ist der beste Standort für einen Aufenthalt auf der Lassíthi-Hochebene.

**Folklore-Museum:** Zufahrt im Dorf gut ausgeschildert, tgl. 10–16 Uhr.
In dem Haus aus dem frühen 19. Jh., das noch bis 1980 bewohnt war, wird gezeigt, wie man früher in dieser Region wohnte und arbeitete. In einem neueren Nachbarhaus sind Erzeugnisse der Volkskunst und Gemälde örtlicher Künstler zu sehen.
**Venizélos-Museum:** 50 m oberhalb des Folkore-Museums, tgl. 10–16 Uhr.
Ausstellung von über 900 Fotos, Zeitungsausschnitten und Objekten, die in Verbindung mit dem großen kretischen Staatsmann Venizélos stehen.

**María:** Rezeption im Hotel-Restaurant ›Rea‹ an der Platía des Dorfes. Tel. 03 12 09, günstig.
Ruhig gelegene, von den Wirten María und Geórgios liebevoll mit unzähligen kretischen Souvenirs und Pflanzen geschmückte Pension mit 26 Zimmern.

**Busverbindungen:** 1–3x tgl. mit Iráklio (70 km), 1x tgl. mit Ágios Nikólaos (55 km), Liménas Chersonísou und Mália.

## Ágios Nikólaos

**Lage:** O 4
**Extra-Tour 1:** s. S. 84
**Vorwahl:** 0841
**Einwohner:** 9500

Die erst 1870 gegründete Hafen- und Provinzhauptstadt ist der kretische Ort mit der längsten touristischen Tradition. Den Ortskern bildet ein kleiner See mit bunten Fischerbooten, der auf zwei Seiten von felsigen Steilufern und auf den anderen beiden von Cafés gesäumt wird. Ein kurzer Kanal verbindet den See mit dem Hafen. Von der Hafenmole schweift der Blick über die Bucht von Mirambéllou auf teils sanft-grüne, teils steil und kahl aufsteigende Küsten; im Hintergrund sind hohe Berge zu sehen.

**Kirche Agía Triáda:** Odós Sof. Venizélou/Platía Venizélou. Mit neuen Fresken im traditionellen byzantinischen Stil ausgestattete Hauptkirche der Stadt.
**Voulisméni-See:** 67 m tiefer Süßwassersee mit 137 m Durchmesser. Seit 1870 durch einen 61 m langen Kanal mit dem Meer verbunden.
**Aquarium:** Aktí Iosíf Koundoúrou (Richtung Eloúnda), Mo–Sa 10–14, 17–21 Uhr.
Privates Unternehmen, dessen Besichtigung das relativ hohe Eintrittsgeld (600 Drs) nur für Fischfans lohnt.
**Archäologisches Bezirksmuseum:** Odós Paleologou 68, Di–So 8.30–15 Uhr.

Sieben Säle mit Funden aus der Region. Besonders bedeutend: die ›Göttin von Myrtos‹, ein bemaltes Keramikgefäß in Frauengestalt aus frühminoischer Zeit (Saal 2).

**Folklore-Museum:** Aktí Iosíf Koundoúrou (an der Brücke), So–Fr 10–13.30, 19–21.30 Uhr. Kleine Sammlung kretischer Volkskunst und Ikonen.

**Kitroplatía:** Einziger Strand im Ortsbereich, klein und überlaufen. Vor der Aktí Iosíf Koundoúrou nördlich des Hafens kann man von Felsplatten aus ins Wasser steigen; im Südwesten des Ortes liegt man am eintrittspflichtigen **Municipal Beach** gut auf Rasen unter Tamarisken und geht über Kieselsteine ins Meer. Auch die weiter entfernten, aber noch zu Fuß erreichbaren Strände im Stadtgebiet sind eher dürftig: **Havanía Beach** (schmaler, 150 m langer Sand-/Kiesstrand) und **Al-**

**Welches Schwimmtier darf's denn sein? – In Ágios Nikólaos**

**mirós Beach** (300 m Feinsand, aber völlig überlaufen).

**Schiffsausflüge:** Tgl. zur Lepra-Insel Spinalónga (Eloúnda, s. S. 44), der guten Führung auf der Insel wegen am besten mit ›Buzz Travel‹, Hauptbüro am Hafen, Tel. 02 26 08. Außerdem mehrmals wöchentlich zur Insel Santorin.

**Städtische Touristeninformation:** Aktí Iosíf Koundoúrou (direkt an der Brücke), Tel. 02 23 57, Fax 08 25 34, tgl. 8.30–21.30 Uhr.

**Mantraki:** Odós Kapetán Távla 1, Tel. 02 88 80, moderat.
Ruhig in einem Wohnviertel gelegenes Stadthaus nahe dem Busbahnhof mit 15 Apartments für bis zu 6 Personen.
**Sgouros:** Kitroplatía Beach, Tel. 02 89 31, Fax 02 55 68, moderat.
Ruhig gelegenes Hotel mit 30 Zimmern am einzigen Stadtstrand, 5 Gehminuten vom Hafen. Zimmer 201–205 und 301–305 mit Balkon und Meerblick.
**Coral:** Aktí Iosíf Koundoúrou, Tel. 02 83 63, Fax 02 87 54, Internet: www.hermes-hotels.gr, teuer.
Hotel mit 172 Zimmern und großem Pool auf dem Dach; ruhiger sind die Zimmer im hinteren der beiden Gebäude.

**Avli:** Odós Prigk. Georgioú 12, nur abends, moderat.
Gartenrestaurant mit traditioneller griechischer Küche, z. B. Hühnchen mit Okraschoten oder Kaninchen in Rotweinsauce.
**Pelagos:** Odós Stratigoú Koráka 10, ab 12 Uhr, teuer.
Erstklassiges Restaurant in einer klassizistischen Villa. Inhaber Nikos Doxonaidis ist in Frankreich aufgewachsen. Auf der Rückseite der Villa Weinbar, in der auch verschiedene kretische Rakí-Sorten vom Fass ausgeschenkt werden.

**Aléxandros:** Odós Kondiláki 1, tgl. ab 20 Uhr. Dachgarten mit Blick auf See,

Hafen und Berge, dazu Evergreens der 60er bis 80er Jahre, zu denen auch getanzt werden darf.
**Armída Boat Club:** Bar mit guter Musik zum Zuhören und Tanzen auf den Planken und unter Deck eines alten, hölzernen Segelschiffes im Hafen der Stadt. Auch wer keinen Alkohol getrunken hat, schwankt meist leicht nach Hause.
**Lipstick:** Disco direkt am Hafen, tgl. ab 22 Uhr.

**Lató-Festival:** Mitte Juli–Mitte Sept.; Theater, Tanz, Konzerte am Strand Kitroplatía, in Kinos und auf der Seebühne.

**Busverbindungen:** Tgl. zahlreiche Verbindungen über die Küstenstraße mit Iráklio und Sitía sowie mit Ierápetra. Häufige Verbindungen mit Krítsa und Eloúnda, 6x tgl. auch mit Pláka, 2x tgl. mit Sísi und der Lassíthi-Hochebene.
**Stadtbus:** 9 x tgl. vom Busbahnhof zum Hafen und über die Uferstraße weiter bis zum außerhalb der Stadt gelegenen Hotel ›Candia Park‹.

## Análipsi/ Makrígialos

**Lage:** Q 5
**Vorwahl:** 0843
**Einwohner:** 470

Die beiden zusammengewachsenen Gemeinden an der Südküste sind wegen ihrer guten Sandstrände und Wassersportmöglichkeiten ein beliebtes Urlaubsziel.

**Minoische Villa:** 200 m abseits der Hauptstraße Richtung Áno Viánnos (Wegweiser ›Minoan Villa‹). Spärliche Überreste eines 1971 ausgegrabenen Bauwerks aus spätminoischer Zeit.

**Kloster Kápsa:** 8 km östlich von Análipsi unmittelbar an der Küstenstraße, tgl. 8–12, 16–19 Uhr.
Männerkloster (15. Jh.) mit Bauten aus dem 19. Jh., das an einer steil aufragenden Felswand ›klebt‹, sehr fotogen.
**Insel Koufonísi:** Tgl. um 10 Uhr Bootsausflüge. Die unbewohnte Insel hat schöne Sandstrände und Ruinen einer römischen Stadt.

**Yialos Studios:** Análipsi, südlich der Uferstraße, Tel. 05 12 57, teuer.
Einfache Pension mit 8 Studios für 2–3 Personen direkt am Strand. Von den Studios im Erdgeschoss sind es nur 20 m bis zum Meer.

**Porfira:** Análipsi, südlich der Uferstraße, mittags nur Snacks und Salate, teuer.
Leonidas Grammaticas, in der Schweiz ausgebildeter Koch, widmet sich der traditionellen griechischen Küche auf höchstem Niveau und versucht auch, den Geschmack der Antike auf den Teller zu zaubern. Dazu gibt's exzellente kretische Weine.

**Busverbindung:** Mehrmals tgl. mit Sitía und Ierápetra.

## Áno Viánnos

**Lage:** M 5
**Vorwahl:** 0895
**Einwohner:** 1700

Idealer Zwischenstopp auf dem langen Weg von Ierápetra in die

Inselmitte. Das große, an drei Hügeln erbaute Bergdorf in 500–600 m Höhe besitzt noch viele alte Häuser, enge Gassen und kleine Plätze mit ursprünglichen Kaffeehäusern. Ein Denkmal, 6 km östlich an der Straße Richtung Ierápetra, erinnert daran, dass die Deutschen am 14.9.1943 über 800 Bewohner des Dorfes ermordeten – als ›Vergeltung‹ für einen Partisanenüberfall.

**Kirche Agía Pelagía:** Im Ortsteil Pláka Viánnou, Schlüssel im Kaffeehaus am Kirchplatz an der Hauptstraße. Gut erhaltene Fresken aus dem Jahr 1360 schmücken die Kirche.
**Folklore-Museum:** An der Hauptstraße am Ortsende Richtung Iráklio, Mo–Sa 9.30–14.30, So 9–13, Mo–Fr auch 16.30–19.30 Uhr.
Klein, aber liebevoll eingerichtet.
**Ikonenmaler:** In einem kleinen Atelier an der Hauptstraße östlich der Dorfkirche malt Emmanuíl Psarákis klassische Ikonen. Er ist nur sporadisch anwesend, sein Werk aber auch durch die Scheiben sichtbar.

Die **Strände** der von Gewächshauskulturen geprägten Küstenorte **Arví** und **Keratókambos** unterhalb von Ano Viánnos sind äußerst steinig.

**Oi Léfkes:** Taverne am Kirchplatz an der Hauptstraße, Tel. 02 27 19, günstig. Der Wirt vermietet auch zwei einfache, billige Zimmer im Ort sowie sechs moderne Zimmer oberhalb des Strandes von Keratókambos.

**Busverbindung:** Mo und Fr je 2x mit Ierápetra und Iráklio.

## Anógia

**Lage:** J 4
**Extra-Tour 1:** s. S. 85
**Vorwahl:** 0834
**Einwohner:** 3000

Es gibt romantischere Bergdörfer auf Kreta als das von vielen Ausflugsbussen – insbesondere für ›Kretische Abende‹ – besuchte Anógia. Der Grund: deutsche Truppen zerstörten 1944 das alte Dorf und erschossen alle männlichen Bewohner, derer sie habhaft werden konnten – im Gebiet von Anógia war für kurze Zeit der von Briten und Partisanen entführte deutsche General Kreipe versteckt worden. Aber es gibt nur wenige Bergdörfer auf der Insel mit mehr Lebenskraft.

**Rathaus:** Oberdorf, an der Hauptstraße. Vor dem modernen Bau erinnert ein Denkmal an das Massaker der Deutschen von 1944.
**Kirche Ágios Ioánnis:** Oberdorf, nahe dem Rathaus. Im Südschiff Fresken aus dem 14. Jh. erhalten.
**Kirche Ágios Charálambos:** An der Platía im (schöneren) Unterdorf. Moderne Kirche mit Wandmalereien im traditionellen Stil.
**Skoulás-Museum:** Unterdorf, im Kafenío nach Weg und Schlüssel fragen. Holzplastiken und Gemälde von Alkivíades Skoulás, der im hohen Alter als Autodidakt zu malen begann. Viele seiner Werke beschäftigen sich mit deutscher und türkischer Fremdherrschaft.

**Nída-Hochebene:** Eine 22 km lange Stichstraße führt von Anógia auf die zur Gemeinde gehörende Hochebene in fast 1400 m Höhe hinauf. Am Weg sieht man mehrmals Mitáta, steinerne gewölbte Schäferhütten. Zwischen April und Oktober tummeln sich unzählige Schafe und Ziegen, und auch eine Taverne ist dann geöffnet. Dort weist ein Wegweiser zur 1,7 km entfernten **Höhle Idéon Ándron,** in minoischer Zeit eine bedeutende Kultstätte.

**Besteigung des Timíos Stavrós:** Bergwanderer können von der Idéon Ándron-Höhle auch den höchsten Berg Kretas, den Timíos Stavrós im Psilorítis-Massiv, erklimmen (2456 m, hinauf ca. 4–5 Std., abwärts 3–4 Std., Markierung mit roten Punkten und Steinpyramiden, am besten Juni–Sept.).

**Sendóni-Höhle:** Beim Dorf Zonianá, 12 km von Anógia, Apr.–Nov. tgl. 9–19 Uhr, im Winter nur Sa/So 11–15 Uhr. Eine der schönsten Tropfsteinhöhlen Kretas; Führungen auf Englisch.

**Zonianá:** Früher berüchtigt als ›Dorf der Schafsdiebe‹. Im Dorfmuseum ein interessantes Wachsfigurenmuseum zur kretischen Geschichte (tgl. 10–14.30 und 17–21 Uhr); ausführliche schriftliche Infos dazu auf Deutsch und Englisch.

**Aristea:** Oberdorf, in der nördlichen Parallelstraße zur Hauptstraße nahe dem Schulzentrum, Tel. 03 14 59, günstig. Moderne Pension mit 6 Zimmern. Grandioser Talblick von den Balkonen aus, sehr herzliche Wirtin.

**Anógia-Festival:** In der ersten Augusthälfte fast täglich Konzerte und Folklore auf den verschiedenen Plätzen der Stadt. Großes Abschlussfest am 15. Aug.

**Busverbindung:** Mit Iráklion (37 km) 5x tgl. (So 2x). Keine Busse zur Nída-Hochebene.

## Apterá

**Lage:** D 2
**Geöffnet:** Di–So 8.30–15 Uhr, nur mit eigenem Fahrzeug zu erreichen (Wegweiser an der Küstenschnellstraße)

Türkische Burg- und venezianische Klosterruine sowie noch laufende Ausgrabungen einer antik-frühchristlichen Stadt auf einem einsamen Hochplateau mit schönem Ausblick. Eindrucksvolle römische Zisternen; ansonsten mehr Landschafts- als Kulturerlebnis.

## Archánes

**Lage:** L 4
**Extra-Tour 5:** s. S. 92
**Vorwahl:** 081
**Einwohner:** 3700

Viel zu selten besuchtes Weinbauerndorf mit vielen minoischen Stätten, nur 18 km von Iráklio entfernt und sehr gut per Bus zu erreichen. Das Dorf liegt in einem von Hügeln und dem Júchtas (811 m) umgebenen Becken, in dem an unzähligen Spalieren vor allem die Rosáki-Tafeltraube angebaut wird. In minoischer Zeit war Archánes trotz der Nähe zu Knossós eines der bedeutendsten Siedlungszentren der Insel.

**Anemóspilia:** Extra-Tour 5, s. S. 92; von außen nur bedingt einsehbar; Zugang für Autofahrer in Begleitung eines Wärters aus dem Museum von Archánes möglich – wenn dieser Zeit und Lust hat.

**Foúrni:** Extra-Tour 5, s. S. 92. Seit 1964 freigelegte Nekropole aus der Zeit von 2400–1200 v. Chr. Minoische und mykenische Kuppelgräber in ländlicher Umgebung (Di–So 8.30–15 Uhr).

**Palast:** Von der Hauptstraße aus Richtung Iráklio unmittelbar hinter Pension ›Orestis‹ links, dann gleich wieder rechts. Frei zugänglich. Unter den Häusern des Zentrums von Archánes liegen die Überreste eines minoischen Palastes. Nur an wenigen Stellen konnte er freigelegt werden, besonders im Viertel Tourkogitoniá.

**Archäologisches Museum:** Extra-Tour 5, s. S. 92; an der Einbahnstraße von der Platía in Richtung Iráklio, Mi–Mo 8.30–15 Uhr.

**Oréstis:** An der Hauptstraße gegenüber der Schule, Tel. 075 16 19, günstig. Einfach, aber die einzige Unterkunftsmöglichkeit im Ort.

**Traubenfest:** 10.–15. Aug., mit vielen Folkloreveranstaltungen und Ausstellungen.

**Busverbindung:** Mo–Fr 6.30–20 Uhr stündlich mit Iráklio (Busbahnhof C am Hafen, Platía Kalérgon und Platía Kornárou) sowie mit Knossós, Sa 9 x, So 6 x.

## Archéa Eléftherna

**Lage:** H 3
**Extra-Tour 1:** s. S. 85

Unterhalb des heutigen Dorfes wird durch die Universität von Kreta in zwei Tälern eine vermutlich um 700 v. Chr. gegründete Siedlung freigelegt. Ein gut befahrbarer, mit ›Ancient Eleuther-na‹ ausgeschilderter Feldweg führt von der Straße in Richtung Margarítes ins antike Stadtzentrum mit den Überresten von Thermen und einer Basilika mit schönem Bodenmosaik hinunter.

**Akrópolis:** Im Ortszentrum, günstig. Leckere Pitákia (Käsepastetchen mit Honig). Von hier können Sie an der antiken Stadtmauer vorbei zu riesigen, in den Fels gehauenen Zisternen spazieren.

## Arkádi-Kloster

**Lage:** G 4
**Geöffnet:** 8 Uhr bis Einbruch der Dämmerung

Einsam in 500 m Höhe gelegenes Männerkloster und zugleich kretisches Nationaldenkmal. Vor den hohen Klostermauern werden im

**Arkádi-Kloster: Schauplatz eines Massenselbstmords**

frei zugänglichen Beinhaus fein sortiert die Schädel und Gebeine von fast 1000 kretischen Männern, Frauen und Kindern aufbewahrt. Sie hatten sich 1866 während eines Aufstands im Kloster verschanzt. Die Männer starben im Kampf mit den heranrückenden Türken; Frauen und Kinder sprengten sich im ehemaligen Pulverlager – das dachlose Gebäude hinten links im Klosterhof – selbst in die Luft.

Ein Museum präsentiert u. a. Ikonen und Porträts der Freiheitskämpfer. Beachtenswert ist auch die Klosterkirche im Renaissancestil aus dem Jahr 1587.

**Busverbindung:** 3–4x tgl. mit Réthimno.

## Arméni

**Lage:** F 3
**Geöffnet:** Di–Sa 8–18, So 8.30–15 Uhr

Am nördlichen Ortsende des kleines Dorfes liegt unmittelbar westlich der Straße Richtung Réthimno in einem Wald eine Nekropole aus spätminoischer Zeit mit 280 Gräbern.

**Busverbindung:** Mehrmals tgl. mit Réthimno (10 km) und Agía Galíni.

## Balí (Mpálion)

**Lage:** H 3
**Vorwahl:** 0834
**Einwohner:** 150

Einst Fischerdorf, heute Badeort mit fast 1000 Fremdenbetten sowie Kies- und Sandstränden. Ein Abstecher lohnt für Rundreisende nicht, aber einen schon gebuchten Badeurlaub kann man hier gut verbringen.

**Kloster Balí (Moní Balíou):** auch Ágios Ioánnis genannt, 1500 m südlich des Ortes jenseits der Schnellstraße an einem Berghang, Asphaltstraße führt von Kilometerstein 31 hinauf, Sa–Do 9–12, 17–20 Uhr.
In venezianischer Zeit gegründetes und terrassenförmig am Berghang erbautes Kloster, dessen lang gestreckter Innenhof sehr stimmungsvoll ist. Seit 1982 leben hier wieder Mönche.

**Akroyiali:** Am Hafen, tgl. ab 11 Uhr, günstig.
13 Tische auf einer Terrasse am Meer, besonders schneller und herzlicher Service, preiswerter Fisch und Landwein – da fühlt man sich einfach wohl.

**Busverbindungen:** Die Busse zwischen Iráklio und Réthimno halten auf der Schnellstraße, etwa 800 m vom Ort und 700 m vom Kloster entfernt.

## Chamési

**Lage:** Q 4
**Einwohner:** 300

Ein Stopp in dem Dorf an der Küstenstraße zwischen Ágios Nikólaos und Sitía (11 km) lohnt besonders für an minoischer Architektur oder an kretischer Volkskunde Interessierte.

**Minoische Villa:** Außerhalb des Dorfes auf einem Hügel, der 1 km lange Feldweg dorthin beginnt am einem Wegweiser an der Küstenstraße 1200 m westlich vom Ortsende. Ständig frei zugänglich. Das Besondere an diesem relativ gut erhaltenen Landhaus aus der Zeit um 2000 v. Chr. ist sein ovaler Grundriss.

## Chandrás-Hochebene

**Lage:** R 5
**Vorwahl:** 0843

Östlich der Straße von Sitía, auf dem Weg zur Südküste, liegt eine der am leichtesten erreichbaren und doch am seltensten besuchten Hochebenen der Insel. Man lebt hier vor allem vom Sultaninenanbau. Von Mitte Aug. bis in den Sept. hinein sind weite Flächen mit den in der Sonne trocknenden Trauben bedeckt: 600 t Sultaninen werden in guten Jahren erzielt.

**Arméni:** In der Umgebung des Dorfes drehen sich noch mehr segeltuchbespannte Wasserräder als auf der dafür so berühmten Lassíthi-Hochebene.

**Etiá:** Gut erhaltenes Herrenhaus aus venezianischer Zeit, nur von außen zu betrachten.

**Presós:** Frei zugänglich. Gräber, Grundmauern eines hellenistischen Wohnhauses und eines Tempels auf einem einsamen Hügel 2 km außerhalb des Dorfes Néa Presós (dem Wegweiser ›Archaeological site‹ folgen).
**Voíla:** Verlassene Siedlung aus venezianischer und türkischer Zeit, 800 m südöstlich des Dorfes Chandrás gelegen. In einer gut erhaltenen, stets offenen Kapelle sind über dem Grab eines Mädchens zwei Fresken aus dem 16. Jh. erhalten.
**Zíros:** Größter Ort der Ebene.

## Chaniá

**Lage:** D 2
**Vorwahl:** 0821
**Einwohner:** 63 000

Chaniá besitzt eine Stadtmauer und die besterhaltene Altstadt Kretas mit vielen venezianischen Häusern und Palästen an engen Gassen. Die Hafenpromenade ist nicht nur die längste der Insel, sondern auch noch weitgehend autofrei. Nirgends auf Kreta gibt es zudem mehr romantische Hotels und Pensionen in historischen Gebäuden. Aus Chaniás Zeit als Hauptstadt der autonomen Insel (1889–1913) stammen noch viele klassizistische Bauten im Vorort Chalépas.

Als Standort für einen Badeurlaub ist Chaniá wenig geeignet. Wer aber Stadt und gute Strände kombinieren will, kann ein Hotel in den 8–15 km westlich gelegenen Küstenorten **Agía Marína**, **Plataniás** und **Geráni** wählen (gute Busverbindung).

**Kutschfahrten:** Abfahrten an der Janitscharen-Moschee, eine 20-minütige Altstadtrundfahrt kostet etwa 10 €.
**Arsenale:** Aktí Enosseos, frei einsehbar. Sieben von früher 17 venezianischen Werfthallen werden heute als Werkstätten und Lagerhallen und manchmal auch für Kunstausstellungen genutzt.
**Deutsches Kriegerdenkmal:** Nördlich der Straße nach Kíssamos (Kastélli), gegenüber einer BP-Tankstelle steht ein von den deutschen Besatzungstruppen errichtetes Gefallenendenkmal. Der Erhalt dieses Monuments mit durchaus aggressiver Ausstrahlung zeugt von kretischer Toleranz.
**Fírka-Bastion:** Aktí Koundouriótou, frei zugänglich. Teil der venezianischen Stadtbefestigung, bis 1949 als Gefängnis, heute als Freilichtbühne genutzt.
**Janitscharen-Moschee:** Platía Santriváni. Die einstige Moschee wurde 1645 für die Elitesoldaten des Sultans erbaut.
**Kirche Ágios Nikólaos:** Platía 1821. Orthodoxes Gotteshaus mit Kirchturm und gerade im Wiederaufbau befindlichem Minarett. Erbaut als Dominikanerkirche, bis 1912 als Moschee genutzt.
**Kloster Chrisopigís:** An der Straße von Mourniés nach Nerókouros, noch im Stadtgebiet, aber 3 km entfernt, ausgeschildert, tgl. 8–12, 15.30–18 Uhr.
Weitläufiges Nonnenkloster aus dem 17. Jh., dessen Bewohnerinnen sich überwiegend mit Ikonenmalerei beschäftigen.
**Markthalle (Dimotikí Agorá):** Platía Sof. Venizélou, Mo–Sa 8.30–13.30, Di, Do, Fr auch 17.30–20.30 Uhr.
Schönste Markthalle Kretas.
**Schiavo-Bastion:** Odós Balandínou, frei zugänglich. Besterhaltener Teil der venezianischen Stadtmauer, guter Blick über die Altstadt und auf die Berge.

**Stadtpark:** Odós Tzanakáki/Odós Dimokratías, frei zugänglich. Viele alte Bäume, da schon 1870 angelegt. Kleiner Zoo mit kretischen Wildziegen, Sommerkino, Café.

**Synagoge Etz Hayyim:** Párodos Kondiláki, tgl. 9–13, 17–20 Uhr, Gebete 9–10, 17.30–20 Uhr.
Restaurierte jüdische Synagoge aus dem Jahr 1669 mit Resten eines jüdischen Friedhofs im Innenhof. Ein Hort der Stille und der Besinnung, in dem jeder willkommen ist.

**Archäologisches Museum:** Odós Halidón 24, Juni–Sept. Mo 12–19, Di–So 8–19, sonst Di–So 8.30–15 Uhr.
Das kleine Museum in einer gotischen Basilika aus venezianischer Zeit präsentiert Funde aus vielen Epochen. Besonders interessant: die minoischen Sarkophage mit Jagddarstellungen, farbige Salbölgefäße aus Glas vom Ende des 4. Jh. v. Chr. sowie zwei römische Mosaiken aus dem 3. Jh.

**Schifffahrtsmuseum (Naval Museum):** Aktí Koundourióti, tgl. 10–16, Nov.–März bis 14 Uhr.
Ansprechend präsentierte Schiffsmodelle, nautische Geräte und andere Maritima in der Firka-Bastion. Modelle der venezianischen Hafenanlagen und berühmter Seeschlachten. Im Obergeschoss eine interessante Darstellung der ›Schlacht um Kreta‹ 1941.

**Folklore-Museum:** Odós Halidón 46B, tgl. 9–15, 18–21 Uhr.
Kleines Privatmuseum. Manche finden es niedlich, andere schrecklich kitschig.

**Chaniá Beach:** Unmittelbar westlich der Fírka-Bastion am Hafen, meist aber sehr voll. Ruhiger ist es an den folgenden Sandstränden im Westen: Aptéra, EOT, Óasis und Glaros.

**Limnoupolis Water Park:** In Varípetro, 7 km südwestlich von Chaniá, April–Sept. 10–18, Juni/Aug. bis 19 Uhr. Busse ab Platìa 1866 mehrmals tgl.
Spaßbad mit Riesenrutsche, diversen Wasserspielen, Bars und Restaurants.

**Mountainbike-Touren:** ›Hellas Bike Travel‹, in Agía Marína (kurz vor Plataniás), Tel. 06 08 58, Fax 06 80 04.
Mit Führung und Begleitbus zu Zielen in der Region.

**Akrotíri-Halbinsel:** Die 528 m hohe Halbinsel im Nordosten Chaniás ist ein gutes Ziel für einen Tagesausflug per Mietfahrzeug. Teile der Halbinsel sind allerdings militärischer Sperrbezirk. Zugänglich sind aber:

**Venizélos-Gräber:** Grabmal des kretischen Politikers Elefthérios Venizélos und seines Sohnes mit schönem Blick auf Chaniá.

**Stavrós Beach:** Guter Sandstrand im äußersten Nordwesten.

**Moní Agía Triáda:** Kloster aus dem 17. Jh., tgl. 8–14,17–19 Uhr.

**Moní Gouvernéto:** Kloster aus dem 16. Jh., tgl. 7.30–12, 15–19 Uhr. Von dort wandert man in etwa 30 Min. zum verlassenen Kloster Katholikó hinunter und kann auf dem Weg auch die Tropfsteinhöhle Arkoudiótissa mit ihrer Felskapelle aus dem 16. Jh. besuchen.

**Gramvoúsa & Bálos Beach (A1):** Schiffstour mit der ›Argyró II‹, 3 x wöchentlich. Schwer zugängliche und einsame Strände an Kretas Nordwestspitze (FKK üblich).

**Insel Agíi Theodóri:** Schiffstour mit der ›Evángelos‹, einem vom Käpt'n selbst gebauten Glasbodenboot, zur kleinen Insel vor Plataniás (ca. 3 Std.). Dort ist im Was-

**Bootsbau im Hafen von Chaniá**

ser ein Flugzeugwrack aus dem Zweiten Weltkrieg zu sehen.

**Griechische Zentrale für Fremdenverkehr (EOT):** Odós Kriári 40, Tel./Fax 09 26 24.

**Captain Vassilis:** A' Párodos 12 Theotokópoulou, MOB 094/450 13 14, je nach Zimmer günstig bis teuer. Pension mit 6 Zimmern, schattigem Innenhof und urgemütlicher Gemeinschaftsküche. Zimmer 2 (Vierbett) mit Balkon über dem Hafen, Zimmer 5 (französisches Kuschelbett) direkt an der sehr großen Gemeinschaftsterrasse über dem Hafen.

**Lena:** Odós Rígou 5 und 17, Tel./ Fax 08 68 60; E-Mail: www.lena @travelling-crete.com, günstig. Pension mit deutscher Wirtin neben der Fírka-Bastion. 6 ganz individuell geschnittene Zimmer mit Dusche/WC in zwei alten Häusern, auf Wunsch auch mit Frühstück. Den Schildern zum ehemaligen Hotel Xenía folgen!

**Theresa:** Odós Ángelou 8, Tel. & Fax 09 27 98, moderat. 8 Zimmer in einem alten Haus gleich neben dem Schifffahrtsmuseum. Kleine Dachterrasse mit Gemeinschaftsküche, direkt an dieser Terrasse das Zimmer 8.

**Amphora:** B' Párodos 20 Theotokópoulou,Tel. 09 32 24, Fax 09 32 26, teuer. Geschmackvoll eingerichtetes Hotel mit 20 Zimmern in einem Haus aus der Zeit um 1300.

**Agía Marína:** 8 km westlich von Chaniá, gute Busverbindung in die Stadt, Tel. 06 85 55, geöffnet April–Okt. Alter Campingplatz mit viel natürlichem Schatten an kilometerlangem Sandstrand.

**Adiexodo:** Odós Ángelou 38, tgl. 12–15 und ab 18.30 Uhr, moderat. Abends griechische Rembétiko-Musik live zum guten Essen in einem provisorisch renovierten venezianischen Haus.

**Akrogiali:** Aktí Papaníkou 19, moderat.
Bei Einheimischen als Fischrestaurant mit gutem Preis-Leistungsverhältnis beliebt.
**Fortezza:** Auf der Hafenmole neben dem Leuchtturm, teuer.
Kostenloser Fährservice vom Anleger der Fischer- und Ausflugsboote. Cafeteria und Restaurant in venezianischen Gemäuern mit dem schönsten Blick übers Wasser auf die Altstadt und die Weißen Berge.
**Well of the Turk:** Odós Kaliníkou Sarpáki 1–3, tgl. ab 17 Uhr, teuer.
Kleines Indoor-Restaurant mit nur 10 Tischen, das zu nahöstlicher Musik kretische und arabische Spezialitäten serviert. Die Karte ist klein, so dass die Frische aller Produkte stets garantiert ist.

Die meisten **Ledergeschäfte** liegen in der Odós Skrídlof. In der Odós Sifáka bieten mehrere Läden traditionelle kretische **Messer und Sicheln** an.
**Wochenmärkte**: An der Odós Meletíou Píga (Néa Chóra, Do) und an der Odós Minóos (östliche Stadtmauer, Sa) jeweils 6–12 Uhr.
**Anatolía:** Odós Halidón 5. Alter orientalischer Schmuck. Die Inhaber, Patrick und Juliette Fabre, hätten für die Schönheit ihres Laden einen Preis verdient.
**Association of Artistic Handicraft Producers:** Odós Afentoúlief 14, am Hafen: Verkaufsausstellung von etwa 40 Künstlern und Kunsthandwerkern auf 200 $m^2$ Fläche.
**Carmela:** Odós Ángelou 7. Außergewöhnlicher Gold- und Silberschmuck, geschmackvolle Keramik, ideenreich präsentiert.
**Roka Carpets:** Odos Zambéliu 61. Alte und neue, an den drei Webstühlen im Laden hergestellte Teppiche und Kelims. Annahme von Auftragsarbeiten.

**Avlí:** Odós Selinoú 123/Odós Lafoníssou, Néa Chóra, tgl. ab 20 Uhr.
Restaurant mit live gespielter, traditioneller Rembétiko-Musik in altem Herrenhaus mit schönem Garten.
**Kríti:** Odós Kallergon 22 (hinter den Arsenalen). Einfache Kneipe, in der Einheimische abends meist kretische Musik spielen, ohne dafür bezahlt werden zu wollen. Im Sommer bis 24 Uhr sind viele Touristen da, anschließend wird es uriger.
**Discos und Bars** mit internationaler Musik konzentrieren sich auf das nordöstlichste Altstadtviertel hinter dem Hotel ›Porto Veneziano‹.
**Sommerkinos:** ›Kypos‹ im Stadtpark, ›Áttikon‹ an der Straße zum Flughafen. Aushang des Tagesprogramms findet sich auf Plakaten, z. B. an der Städtischen Markthalle.

**Festival von Kreta** (dritte Maidekade): Folklore und zahlreiche Sportveranstaltungen zur Erinnerung an die ›Schlacht um Kreta‹.
**Städtisches Kulturfestival** (Juli bis Ende Aug.): Konzerte, Folklore, Theater, Ausstellungen an wechselnden Veranstaltungsorten.
**Ágios Ioánnis** (7. Okt.): Im Kloster Gouvernéto auf der Akrotíri-Halbinsel findet dieses ganztägige Fest mit Folkloreveranstaltungen sowie Wein und Essen für alle Besucher statt.

**Fernbusse:** Ab Busbahnhof Odós P. Kelaídi/Odós Kidónias, Tel. 09 33 06.
Mit Réthimno und Iráklio von 5.30–20.30 Uhr stündlich. Für an-

dere Ziele im Regierungsbezirk Chaniá s. jeweilige Zielorte.
**Stadtbusse:** Ab Städtische Markthalle, u. a. zum Flughafen und zum Hafen von Soúda, in den Vorort Chalépas und zum Kloster Chrisopigís.

## Chóra Sfakíon

**Lage:** D 4
**Extra-Tour 1, 3:** s. S. 84, 88
**Vorwahl:** 0825
**Einwohner:** 350

In dem winzigen Küstenort am Libyschen Meer steigen im Sommer täglich Tausende von Samariá-Durchwanderern vom Schiff in die bereitstehenden Busse um. Außerhalb dieser Rushhour ist die Hauptstadt des Landkreises Sfakiá ein beschaulicher Urlaubsort mit schönen Tavernen und guten, teilweise aber nur per Boot erreichbaren Stränden in der Nähe.

**Elínga Beach:** Kiesstrand, 20 Gehminuten westlich.
**Gliká Nerá Beach:** Feinkiesstrand ohne Schatten, auf dem drei Süßwasserquellen entspringen. Nur per Boot erreichbar.

**Anópolis:** Ursprünglich gebliebenes Bergdorf in 600 m Höhe. Morgens fährt ein Schulbus hinauf, von dort ca. einstündige Wanderung nach Loutró, zurück mit dem Boot nach Chóra Sfakíon.
**Aradéna:** Vom seit 1948 menschenleeren Dorf westlich der gleichnamigen Schlucht, über die hier seit 1988 eine abenteuerliche Straßenbrücke führt, kann man nach Loutró wandern.
**Gávdos:** Europas südlichste Insel zählt etwa 80 Bewohner. Sandstrand und Unterkunftsmöglichkeiten in der Sarakíniko-Bucht. Boote ab Chóra Sfakíon von Juni bis Sept. 3–7x in der Woche, Auskunft Tel. 09 12 21 und 09 12 52.
**Imbrós-Schlucht:** Extra-Tour 3, s. S. 88.
**Loutró:** Kretas einziger Küstenort, der nur zur See oder zu Fuß erreichbar ist. Zwischen Fels und schmalem Kiesstrand stehen in einer langen Reihe kleine Häuser und Pensionen, in der Nähe finden sich mehrere felsige Badebuchten (FKK üblich). 6x tgl. Linienschiffverbindung mit Chóra Sfakíon, außerdem Taxiboote.

**Alkyon:** An der Hafenpromenade, Tel. 09 11 80, 09 12 79, günstig.
Modernes Hotel mit 16 großen Zimmern, davon 9 mit Hafenblick. Große Sonnenterrasse mit Hafenblick für alle Gäste.

**Busverbindung:** 1–3x tgl. mit Chaniá, 1–2x tgl. mit Plakiás und Réthimno.

## Chrisoskalítissa

**s. Elafonísi**

## Elafonísi

**Lage:** A 4
**Vorwahl:** 0822

Kilometerlanger Sandstrand an der Westküste und auf einem vorgelagerten, watend zu erreichenden Inselchen. Idyllisch, aber im Hochsommer voll und leider stellenweise verschmutzt. Ganz in der Nähe befindet sich der kleine Ort Chrisoskalítissa und das Kloster gleichen Namens.

**Einst Verbannungsort für Leprakranke – die kleine Insel Kalidón**

**Kloster Chrisoskalítissa:** Kleines, schneeweißes Kloster auf einem niedrigen Fels am Meer, ca. 3 km nördlich von Elafonísi.

**Glykeria:** Chrisoskalítissa, am Ortseingang noch vor dem Kloster, Tel. 06 12 92, günstig.
Pension mit 5 Zimmern; Englisch und Deutsch sprechende Wirte.

**Linienbusse** 1x tgl. nach Chaniá. Im Sommer auch als Bootsausflug von Paleochóra.

## Eloúnda

**Lage:** O 4
**Vorwahl:** 0841
**Einwohner:** 1800

Der Küstenort mit besonders vielen Luxus- und First-class-Hotels liegt in einer grünen Küstenebene unmittelbar gegenüber der Insel Spinalónga. Dieser lang gestreckten Insel ist im Norden die kleine Insel Kalidón vorgelagert, die im gängigen Touristenjargon der Einfachheit halber meist ebenfalls als ›Spinalónga‹ verkauft wird.

**Oloús:** Etwa 800 m südlich des Hafens von Eloúnda führt ein Damm an nicht mehr genutzten Salinen vorbei hinüber auf die Insel Spinalónga. Schnorchler können hier im Wasser noch spärliche Überreste der antiken Stadt Oloús erkennen. Trockenen Fußes lassen sich auf einem Feld hinter der Taverne ›Canal Bar‹ spärliche Reste eines Mosaiks aus einer frühchristlichen Basilika von Oloús erkennen.

Mit **Stränden** ist Eloúnda nicht gerade reich gesegnet. Zu den Hotels gehören meist nur

felsige **Küstenabschnitte** mit kleinen, künstlich aufgeschütteten Stränden und künstlichen Badeterrassen. Kleinere **Sand-Kiesstrände** sind nur auf der Festlandseite am Damm, am Hafen und unterhalb der Straße nach Pláka zu finden. Pláka selbst besitzt zwei lange **Kieselsteinstrände.**

**Mountainbike-Touren:** ›Hellas Bike Travel‹, im ›Grecotel Eloúnda Village‹, Tel. 04 18 02, Fax 04 12 78. Geführte Touren mit Begleitbus.
**Golf:** 9-Loch-Platz mit Golfakademie am Hotel Porto Elounda, Tel. 04 19 03, Fax 04 18 89, www .eloundahotels.com

**Schiffsausflüge zur Lepra-Insel Kalidón (Spinalónga):** Die kleine Felseninsel unmittelbar nördlich der Insel Spinalónga war von 1903–54 Verbannungsort für Leprakranke aus ganz Griechenland. Sie lebten völlig isoliert in einem kleinen Dorf, heute eine ›Geisterstadt‹ und zugleich viel besuchtes Ausflugsziel. Umgeben ist die Insel von Festungsanlagen der Venezianer, die sich hier noch bis 1715 halten konnten. Von Eloúnda fahren Ausflugsboote tagsüber etwa stündlich nach Kalidón; noch kürzer ist die Überfahrt von Pláka aus.

**Eloúnda Island Villas:** Auf der großen Insel Spinalónga gegenüber von Eloúnda, Tel. 04 12 74, Fax 04 12 76, moderat.
Kretas erstes Hotel, das seinen Strom ausschließlich aus Solarenergie bezieht, liegt absolut ruhig und einsam auf der ansonsten unbebauten Insel. 10 Apartments für bis zu 4 Personen.
**Eloúnda Mare:** 2,5 km nördlich von Eloúnda am Meer, Tel. 04 11 02, Fax 04 15 12, www .eloundahotels.com, Luxus.
Luxushotel. Am günstigsten über Reiseveranstalter zu buchen.

**Kalidón:** In Hafennähe an der Uferpromenade Richtung Oloús, moderat.
Restaurant auf einem Ponton vor dem Ufer. Gute Torten.
**Olondi:** In Hafennähe an der Uferpromenade Richtung Oloús, moderat.
Nettes, relativ preiswertes Restaurant mit Fischplatten, die ein Augenschmaus sind. Lecker auch das Hasápiko (Lamm, im Tontopf mit Auberginen und Kartoffeln geschmort, mit Käse überbacken).

**Wochenmarkt:** Fr vormittags am Hafen.

**Psarovradiá:** An einem Abend Ende Juni/Anfang August großes Fest auf dem Dorf-

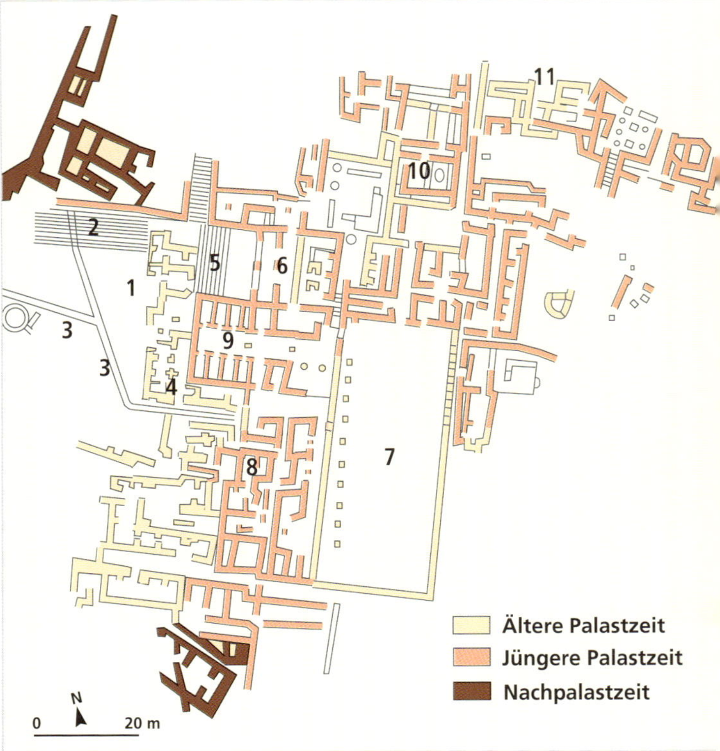


platz am Hafen: Musik und Tanz; gegen ein geringes Entgelt gibt's Fisch und Wein.

**Busverbindungen:** Mit Ágios Nikólaos 6–21 Uhr etwa stündlich, mit Pláka 4–6x tgl.

## Festós (Phaistós)

**Lage:** J 5
**Extra-Tour 1:** s. S. 84
**Geöffnet:** Mai bis Sept. tgl. 8–19 Uhr, sonst bis 17 Uhr

Der minoische Palast auf einem Hügel über der Messará-Ebene gilt als der bedeutendste nach dem von Knossós. Im Gegensatz zu diesem wurde hier nur wenig restauriert. Zu sehen ist, was die Archäologen fanden – und nicht, was sie sich vorstellten. Reizvoll auch der Blick vom Ausgrabungsgelände auf die Ebene, das Psilorítis- und das Asteroúsia-Gebirge.

### Rundgang

Man betritt zunächst den **Westhof** aus der Altpalastzeit (1) mit einer **Freitreppe** (2) und gepflasterten **Prozessionswegen** (3), wahrscheinlich Schauplatz ritueller Handlungen. In einem großen **Magazin** (4) stehen unter einer modernen Betondecke noch zahlreiche große Vorratsgefäße, sogenannte Píthoi.

Über eine **breite Treppe** (5) gelangt man dann zum **Eingangstor mit Mittelsäule** (6). Vom **Zentralhof** (7) aus der Jüngeren Palastzeit gehen verschiedene Räume ab: das **Lustralbad** (8), **Magazine** (9) mit Píthoi und einem Sammelbecken für Flüssigkeiten sowie der **Wohntrakt** (10), in dem königliche Gemächer vermutet werden. In einem der **Archivräume** (11) fand man den berühmten Diskós, der heute im Archäologischen Museum von Iráklio steht.

**Busverbindungen:** Mit Iráklion 7–9x tgl., mit Agía Galíni und Mátala 6–7x tgl., mit Léndas Mo–Fr 1x tgl.

## Fódele

**Lage:** J 3
**Vorwahl:** 081

Das Dorf am oberen Ende eines schmalen, wasserreichen Tals gilt als Geburtsort des Malers Doménikos Theotokópoulos, genannt El Greco (1541–1614). Dieser Umstand bringt dem Ort viele Besucher, und die Hauptgassen des Dorfes gleichen einem Bazar voller Web- und Stickarbeiten.

**El Greco-Museum:** Ausgeschildert, ca. 700 m außerhalb des Dorfes, Di–So 9–17 Uhr. In einem 1998 wieder vollständig aufgebautem Bauernhaus, das angeblich das Geburtshaus des Malers sein soll, werden Transparentbilder seiner Werke gezeigt. Das Atelier des Malers ist phantasievoll nachgestellt. An der Kasse werden Drucke von El Grecos Werken verkauft.
**Panagía-Kirche:** Am ausgeschilderten Weg zum Geburtshaus, nur im Juli/Aug. ca. 9–17 Uhr. Kreuzkuppelbau mit Fresken aus dem 13./14. Jh.

Breiter **Sand-Kiesstrand,** 3 km von Fódele entfernt, beim Hotel ›Fódele Beach‹.

**Stich für Stich wird ein Kunstwerk daraus: in Fódele**

**Die Reste des venezianischen Kastells von Frangokástello liegen direkt oberhalb des Strandes**

Schattiger **Picknick- und Kinderspielplatz** am oberen Ende der Dorfstraße.

**Fódele Beach:** 3 km vom Ort am Strand, Tel. 052 12 51, Fax 052 12 49, www.forthnet.gr/fodelebeach, teuer. Architektonisch ansprechendes Großhotel mit 294 Zimmern in zahlreichen zwei- und dreigeschossigen, pastellfarben gestrichenen Häusern. Großes Sportangebot, 2 Pools, Linienbushaltestelle am Hotel.

**Busverbindung:** Mo–Fr 2x tgl. mit Iráklio, 1x mit Agía Pelagía.

## Frangokástello

**Lage:** E 4/5
**Extra-Tour 1:** s. S. 84
**Vorwahl:** 0825

Die sehr ruhige Streusiedlung liegt in einer afrikanisch-steppenhaft wirkenden Ebene vor schöner Bergkulisse. Hotelklötze fehlen, man wohnt in kleinen Apartmenthäusern und Bungalows.

**Kastell:** Frei zugänglich. Außenmauern einer venezianischen Festung direkt am Strand.
**Kirche Ágios Nikítas:** 350 m östlich der Burg, 100 m nördlich der Küstenstraße, frei zugänglich. Vor der Kirche sind Überreste des Mosaikfußbodens einer frühchristlichen Basilika erhalten.

Die extrem flach abfallenden Sandstrände sind ausgesprochen kleinkinderfreundlich. Der feinsandige **Hauptstrand** liegt unterhalb der Burg. 500 m weiter östlich liegt der **Orthí-Ammos-Strand** vor über 30 m hohen Sandaufwehungen; das Ufer fällt hier schneller ab, eignet sich besser zum Schwimmen. Baden kann man auch im **Hafenbecken** (Sandstrand mit Tamariskenschatten).

**Mílos:** Am Hafen, Tel. 09 21 60, 09 21 61, im Winter

08 21/05 24 86, günstig.
Vier einfache, aber stimmungsvolle Zimmer im alten Müllerhaus am Strand; ein Apartment für zwei Personen in der alten Windmühle daneben; zwölf moderne Zimmer in einem neuen Haus mit Garten nebenan. Von allen Zimmern sind es nur max. 20 m zum Meer. Deutsch-griechische Inhaber.
**Castello:** An der Küstenstraße westlich der Burg, Tel. 09 20 68, Fax 09 23 34, moderat.
Acht ebenerdige, sehr geräumige Apartments für zwei bis sieben Personen in einem pflanzenreichen Garten. Eigener Supermarkt und gut ausgestattete Küchen. Apartment 1 hat die schönste Veranda.

**Mílos:** Am Hafen, günstig.
Restaurant mit großer, kinderfreundlicher Terrasse, dieselben Inhaber wie das Hotel.

**Busverbindungen:** Mo–Fr 2x tgl. mit Chóra Sfakíon, Plakiás und Réthimno, Sa/So 1x tgl.

## Georgioúpoli

**Lage:** E 3
**Extra-Tour 1:** s. S. 85
**Vorwahl:** 0825
**Einwohner:** 600

Am westlichen Ende eines 9 km langen Sand-Kiesstrandes entstand an einer sumpfigen Flussmündung Ende des 19. Jh. ein neues Dorf. Es wurde nach dem damaligen Regenten des autonomen Kreta, Prinz Georg, benannt. Sein hervorstechendes Merkmal sind die vielen, über 50 Jahre alten Eukalyptusbäume auf der Platía und entlang der Straßen. Seit den 90er Jahren hat sich der Ort touristisch stark entwickelt; die meisten Hotels stehen aber außerhalb am Strand und ziehen sich bis zur völlig neuen Hotelsiedlung ›Kavros‹.

**Almirós-Mündung:** Östlich der Brücke liegen Fischer- und Ausflugsboote in der Flussmündung. Westlich davon ist der Fluss noch naturbelassen, im Schilfrohr leben viele Schildkröten. Umweltbewuste Urlauber verzichten daher darauf, diesen Teil des Flusses mit Tret- oder Glasbodenbooten zu befahren!

**Elefthería-Liberty:** An der Flussuferstraße, 20 m von der Brücke landeinwärts, Tel. 06 14 09, günstig und moderat.
Pension mit 10 unterschiedlich großen Zimmern, am schönsten und geräumigsten Nummer 10.
**Géro Nikólas:** An der Straße von der Platía zur Schnellstraße, Tel. 06 13 60, Fax 06 13 80, koknik@otenet.gr, moderat.
10 moderne Zimmer und Studios bei einer sehr netten Familie.

**Konáki:** An der Straße zum Kournás-See, nahe dem Zentrum, günstig.
Taverne alten Stils, in der man noch in die Kochtöpfe schauen darf. Beste kretische Hausmannskost, z. B. Linsensuppe oder Artischockengemüse mit Kartoffeln.
**Perástikos:** Am südlichen Ortsende an einer Flussmündung, tgl. ab 10 Uhr, günstig.
Schöner als bei Wirt Sífis und seiner Frau Róula kann man nicht sitzen – direkt am Fluss und zugleich am Meeresstrand.
**Poseidon:** Zugang von der Hauptstraße schräg gegenüber der Polizeistation, ab 17 Uhr, moderat.

Fischtaverne unter freiem Himmel. Die Inhaber besitzen zwei Fischerboote.

**Time:** Große Disco außerhalb des Dorfes an der Straße nach Vámos, nur Mai–Sept., Mo/Di geschlossen. Ab 22.30 Uhr alle 10 Min. kostenloser Bustransfer ab Platía und direkt zum Hotel zurück.

**Busverbindungen:** Tagsüber alle 30 Min. mit Chaniá, Réthimno und Iráklio (Bushaltestelle an der Schnellstraße), mehrmals tgl. mit Vámos.
**Talos Express:** Ein Zug auf Gummirädern, der auf der Straße fährt, verbindet die Hotels am Strand tagsüber und abends mit dem Zentrum von Georgioúpoli.

## Górtis (Górtyn)

**Lage:** J 5
**Geöffnet:** Mo–Fr 8–19, Sa, So 8–18 Uhr (im Winter bis 17 Uhr)

Górtyna war in römischer Zeit (67 v. Chr.–395 n. Chr.) die Hauptstadt Kretas. Der Apostel Paulus besuchte sie im Jahr 59 und setzte hier seinen Begleiter Titus als Bischof ein (Titusbrief im Neuen Testament). Das Ausgrabungsgelände wird durch die Straße von Iráklio nach Festós in zwei Hälften geteilt. Die eintrittspflichtige Nordhälfte gehört zum Standardprogramm aller Busgruppen, im frei zugänglichen südlichen Teil liegen die wenig besuchten Ruinen romantisch in einem Olivenhain.

Im **nördlichen Teil** des Geländes steht die Ruine der Titus-Basilika aus dem 6. Jh. Vom römischen Forum sind nur Spuren erhalten, weitgehend intakt ist das um 100 errichtete Odéon. Hier sind in die Rückwand 42 Steinblöcke mit eingeritzten Gesetzestexten (5. Jh. v. Chr.) eingefügt.
Im **südlichen Teil** findet man die Reste einer frühchristlichen Basilika, zweier Tempel, eines Amphitheaters, römischer Thermen und des Prätoriums, des Amtssitzes des römischen Statthalters.

**Busverbindungen:** 11–12x tgl. mit Iráklio und Míres, 9x tgl. mit Féstos und Mátala.

## Gourniá

**Lage:** P 5
**Geöffnet:** Di–So 8.30–15 Uhr

An einem niedrigen Hügel mit Blick aufs Meer liegen Straßenzüge und Hausmauern einer mittelminoischen Stadt. Die Häuser waren zweigeschossig. Auf dem höchsten Punkt der Stadt ist der Festplatz mit den Ruinen eines größeren Gebäudes zu sehen, das als Palast eines Statthalters gilt.

## Ierápetra

**Lage:** O 6
**Extra-Tour 1:** s. S. 84
**Vorwahl:** 0842
**Einwohner:** 11 000

Die einzige Stadt an Kretas Südküste liegt in einer weiten, flachen Ebene am Libyschen Meer, umgeben von Tausenden von Gewächshäusern. Schön ist die kleine Altstadt; bedeutende Sehenswürdigkeiten gibt es nicht.

**Kalés:** Odós Samuíl, Di–So 8.30–15 Uhr.

Kleines venezianisches Kastell aus dem Jahr 1626, vom Nordwestturm bietet sich ein schöner Blick über die Stadt.
**Moschee:** Odós Vitzéntzos Kornáros, keine Innenbesichtigung möglich. Restaurierter Bau mit Minarett und Reinigungsbrunnen.
**Archäologische Sammlung:** Platía E. Kothrí/Odós Kostoúla Adrianoú 2, Di–So 8–14.30 Uhr.
Das lieblos gestaltete Museum in einer alten türkischen Schule birgt mehrere griechisch-römische Statuen und vier schöne spätminoische Sarkophage.

Ein kilometerlanger **Kiesstrand** zieht sich vom Stadtzentrum aus gen Osten.

**Chrisí:** Tgl. fahren mehrere Boote zur nur gelegentlich von Fischern bewohnten Insel Chrisí. Dort gibt es zwei Tavernen, Zedern und weitläufige Dünen. Dauer der Überfahrt 1 Std.

**Cretan Villa:** Odós Oplárchou Lakérda 16A (nahe dem Busbahnhof, dort Wegweiser), Tel. 02 85 22, günstig.
Sehr stimmungsvolle Pension in einem 200 Jahre alten Haus mit schönem Innenhof, 9 Zimmern und einem kontaktfreudigen jungen Wirt.
**El Greco:** Odós Kothrí 42, Tel. 02 84 71, Fax 02 87 42, moderat.
Hotel mit 33 Zimmern an der autofreien Uferpromenade.

**To Archóntiko tou Bábi:** Odós Samuíl 68 (nahe dem Kastell), moderat.
Taverne mit vielen kretischen Spezialitäten, darunter auch gefüllte Zucchiniblüten, Käsepasteten, Kokorétsi und Fáva.

**Kafeníon:** Odós Kírva/Odós Elsás Saridáci, ab 19 Uhr.
Lokal mit kretischen Gerichten, in dem sich überwiegend einheimische ›Intellektuelle‹ treffen.
**Odeion:** Odós Lasthénous 18, ab 17.30 Uhr.
Musikcafé in einer klassizistischen Villa mit Garten nahe dem Busbahnhof. Kretische Köstlichkeiten zu Oúzo, Rakí, Wein und Bier.

**Busverbindungen:** Mit Ágios Nikólaos und Iráklio 5–6x tgl., mit Análipsi 7–11x tgl., mit Sitía 4–5x tgl., mit Áno Viánnos Mo und Fr je 2x.

## Imbrós-Schlucht

**Lage:** D/E 4
**Extra-Tour 3:** s. S. 88

## Iráklio (Herákleion)

**Lage:** K/L 3
**Vorwahl:** 081
**Extra-Tour 1, 5:** s. S. 85, 93
**Einwohner:** 132 000

Kretas Hauptstadt ist nicht schön, aber interessant; manche bezeichnen sie als eine Art ›Klein-Athen‹. Nach dem Zustrom kleinasiatischer Flüchtlinge 1923 platzte sie erstmals aus allen Nähten; der stete Zuzug von Landbevölkerung führte in den letzten drei Jahrzehnten zu unkontrolliertem Wildwuchs. Innerhalb der Altstadt wurde ohne jede Stadtplanung abgerissen und neu gebaut – das Ergebnis ist ein Chaos. Doch innerhalb der 3,5 km langen Stadtmauern aus venezianischer Zeit sind noch etliche historische Bauten erhalten, spielt sich noch immer das Leben der Iraklioten ab.

## Sightseeing und Unternehmungen

**Arsenale:** Odós Sof. Venizélou, frei zugänglich. Venezianische Gewölbe, in denen einst Schiffe gebaut und repariert wurden.

**Bembo-Brunnen:** Odós 1866/ Platía Kornárou, frei zugänglich. Venezianischer Brunnen von 1588 am Ende der Marktgasse, erbaut unter Verwendung römischer Fragmente. Daneben ein türkisches Brunnenhaus, heute ein stimmungsvolles Kafeníon.

**Kazantzákis-Grab:** Martinengo-Bastion der Stadtmauer, frei zugänglich. Das Grab des größten kretischen Dichters der Neuzeit (1883–1957, Autor von »Aléxis Sorbás«) wird durch ein schlichtes Holzkreuz und einen Stein mit der Inschrift »Ich hoffe nichts, ich fürchte nichts, ich bin frei« markiert.

**Koúles-Festung:** Am venezianischen Hafen, Mo–Sa 8–18, So 10–15 Uhr.
Hafenkastell der Venezianer, erbaut im frühen 16. Jh. Dunkle Gewölbe, schöner Blick von den Zinnen. Im Sommer finden oft kulturelle Veranstaltungen auf der kleinen Freilichtbühne auf dem Dach der Festung statt.

**Kirche Ágios Márkos:** Platía El. Venizélou, Mo–Sa 10–13, 18–21 Uhr.
Die dreischiffige Basilika aus dem Jahr 1239 ist heute Veranstaltungsort für Kunstausstellungen.

**Kirche Ágios Minás:** Platía Ekaterínis, tgl. 6–12, 17–20 Uhr.
Die 1862–95 erbaute Kathedrale der Stadt bietet 8000 Menschen Platz. Sie ist fast vollständig mit Fresken im traditionellen Stil ausgemalt. Die unmittelbar benach-

## Ein Muss! Das Archäologische Museum

**Nirgends sonst auf der Welt erhält man einen solch umfassenden Überblick über die minoische Kunst und das minoische Alltagsleben (Extra-Tour 5, s. S. 93) wie in diesen 23 Sälen auf zwei Etagen. Die berühmtesten Objekte sind der rätselhafte Dískós von Festós (Saal III), der Stierkopf-Rhyton aus schwarzem Steatit mit Augen aus Bergkristall (Saal IV) und die beiden barbusigen Göttinnen im Glockenrock mit Schlangen in der Hand bzw. am Körper (Saal IV). Höhepunkte minoischer Kunst bilden auch der Sarkophag von Agía Triáda (Saal XIV) und die größtenteils von den Archäologen ergänzten Fresken (Saal XIV–XVI).**

**Platía Eleftherías, Mo 12.30–19, Di–So 8–19 Uhr (im Winter jeweils bis 17 Uhr), 2 Std. sollten Sie mindestens einplanen.**

Iráklio
0
100
200
300 m
Koules-Festung
Venezianischer Hafen
Hafenmeisterei
Flughafen, Ágios Nikólaos, Mália
Sof. Venizelou
Agios Petros
Mitsotaki
Agios Dimitrios
Kalokerinou L.
Historisches Museum
Arsenale
Platia Koundourioti
Thalita
Gazi
Chanion
Vironos (Byron)
Epimenidiou
Ilaira
Koroneou
25 Avgoustou
El-Greco-Park
OTE
Platia Ag. Titou
Agios Titos
Atlantis
Malikouti
Ariadnis
Bastion Sabbionera
Loggia
Platia
Kalergon
Agios Markos
Morosini-Brunnen
Platia El. Venizelou
Mirambelou
Chatzidaki
Archäologisches Museum
Griech. Zentrale für Fremdenverkehr
Dedalou
Österreichisches Konsulat
Kalokerinou
Michelidaki
Platia Ag. Ekaterinis
Agia Ekaterini
Agios Minas
Ikonen-museum
Mikros Ag. Minas
Odos 1821
Touristen-polizei
Dikeosinis
Justiz-gebäude
EOS
Präfektur
Denkmal des Unbekannten Soldaten
Porta Lazaretto
Platia Eleftherias
Denkmal Elefherios Venizelos
Tris Kamares
Ikarou
Marktgasse
Deutsches Konsulat
Olympic Airways
Dimokratias
Luna-Park
Denkmal des nationalen Widerstands
ANALIPSI
Platia Arkadiou
Bembo-Brunnen
Platia Kornarou
Evans
Panagia Starrophorou
Bastion Vituri
Platia Romanou
Nikolaou Plastira
Kenouria Porta
Platia Kiprou
Charilaou Trikoupi
Bastion Jesus
Agios Andreas
Kazantzakis-Grab
Bastion Martinengo
Stadion
AKADIMIA
Akadimias
Knossou
Georgiadi
Papandreou G.
Dimokratias
Knossós
Knossós

barte byzantinische Kapelle Ágios Minás diente in türkischer Zeit als Bischofskirche von Iráklio.

**Kirche Ágios Pétros:** Odós Grévenon/Odós Sof. Venizélou, frei einsehbar. Die venezianische Kirchenruine aus dem 13. Jh. wird zur Zeit freigelegt und restauriert.

**Kirche Ágios Titos:** Platía Agiou Titou/Odós 25 Avgoustou, tgl. 7–12, 17–20 Uhr.
1872 als Moschee erbaut, 1923 durch den Anbau dreier Apsiden in eine Kirche umgewandelt. Seit 1966 birgt sie die Schädelreliquie des hl. Titus, des noch vom Apostel Paulus eingesetzten ersten Bischofs von Kreta (links vorn in der Vorhalle).

**Loggia:** Odós 25 Avgoustou/ Platía Kalergon, nur Außenbesichtigung möglich. Das 1628 fertig gestellte Versammlungshaus des venezianischen Adels dient heute als Rathaus.

**Marktgasse:** Odós 1866. Schattenspendende Sonnensegel verleihen der nur 200 m langen Gasse einen leicht orientalischen Anstrich. Angeboten werden vor allem Obst und Gemüse, Kräuter und Souvenirs. In der Seitengasse Fotioú konzentrieren sich mehrere kleine Tavernen, in der Seitengasse Karteroú arbeiten vor allem Schuster und Fischhändler.

**Morosini-Brunnen:** Platía El. Venizélou. Das Wahrzeichen Iráklios und beliebtester Treffpunkt für Verabredungen ist der 1628 erbaute Brunnen mit vier wasserspeienden Löwen.

**Stadtmauern:** Die 3,5 km langen Mauern mit sieben mächtigen Bastionen und ursprünglich nur vier Toren stammen aus dem 16. Jh. Betreten kann man sie nur auf der Martinengo-Bastion.

**Historisches Museum:** Odós Kalokerinoú, Mo–Sa 9–14 Uhr.
Alte Handarbeiten, einige Ikonen, Fotos, Militaria aus dem Zweiten Weltkrieg, nachgebautes Arbeitszimmer von Níkos Katzanzákis.

**Ikonen-Museum:** Platía Ekaterínis, Mo–Sa 9–13 Uhr.
Stimmungsvolles Museum in einer 1555 erbauten ehemaligen Klosterkirche. Besonders sehenswert sind sechs Ikonen von Michael Damaskínos, Kretas bedeutendstem Ikonenmaler im 16. Jh. Er vereint die traditionelle byzantinische Ikonographie mit Stilelementen der italienischen Renaissance.

**Naturgeschichtliches Museum:** Leofóros Knossoú 157, Internet: www.cc.uch.gr, Mai–Okt. tgl. 9–19, sonst Mo–Fr 9–17 und So 11–19 Uhr.
Moderne Ausstellung zu Biologie und Geologie der Insel, kleiner Botanischer Garten.

**Museum des Widerstandes im Zweiten Weltkrieg:** Odós Chatzidáki/Odós Bofor, Mo–Sa 9–13 Uhr.

**Ammoudará/Linoperámata (K 3):** Ein kilometerlanger Sandstrand mit vielen Hotels zwischen einem Kraftwerk und der Stadt. Schön, wenn man nur aufs Meer blickt. Stadtbus 6 ab Platía Eleftherías.

**Amnissós (L 3):** Sandstrand mit Blick auf landende Flugzeuge. Stadtbus 7 ab Platía Eleftherías.

**Kraterós (L 3):** Sandstrand, nur durch einen kleinen Fels von Amnissós getrennt. Großer Parkplatz, Strandbad mit Umkleidekabinen, Beach Bar und Volleyballplatz. Stadtbus 7 ab Platía Eleftherías.

**Mountainbiking:** ›Hellas Bike Travel‹, im ›Grecotel Agapi Beach‹, Ammoudará, Tel. 031 10 84, Fax 025 87 31. Touren und Bike-Vermietung.

**Als Moschee erbaut, heute eine Kirche – Ágios Titos**

**Amnissós:** Am Strand östlich des Flughafens lag in minoischer Zeit einer der beiden Häfen von Knossós. 150 m westlich der guten Strandtaverne ›Amnissós‹ (Spezialität Achinósalata, Seeigelsalat) Ausgrabung eines Heiligtums des Zeus Thématas. Auf der Ostseite derselben kleinen Felszunge nahe dem Tavernenparkplatz Reste der minoischen Villa, in der das berühmte Lilienfresko gefunden wurde. Alles frei einsehbar. Stadtbus 7 ab Iráklio.

**Bootsausflüge:** Zur unbewohnten Insel Día mit Sommertaverne und kleinem Strand.

**Knossós:** s. S. 57f.

## Adressen und Tips

**Griechische Zentrale für Fremdenverkehr:**
Platía Eleftherías/Odós Xanthoulídou 1 (dem Archäologischen Museum gegenüber), Tel. 024 44 62. Leider jedoch kein Aushängeschild für kretische Gastfreundschaft.

**Ilaira:** Odós Epimenídou/ Odós Ariadnis, zentral über dem Hafen gelegen, Tel. 022 71 03, Fax 024 23 67, moderat.
Fast alle Zimmer haben Balkon mit Meerblick. Dachgarten mir Bar.

**Atlantis:** Odós Mirambélou/ Odós Igías, Tel. 022 91 03, Fax 022 62 65, Internet: www.grecotel.gr, teuer.
Bestes Hotel in der Altstadt mit Pool auf dem Dach, 160 klimatisierte Zimmer.

**Candia Maris:** Ammoudará, am Strand, Tel. 025 09 86, Fax 025 06 69, Internet: www.maris.gr, Luxus.
Beste Adresse für einen komfortablen, kombinierten Strand-Stadt-Urlaub. Pool, Hallenbad, großes Sportangebot, Stadtbushaltestelle vor dem Hotel (7 km bis Iráklio).

**Ionia:** Odós Evans 5, Mo–Fr 8–22, Sa 8–15 Uhr, günstig.
In dieser Markttaverne sitzt man zwar nicht ganz so stimmungsvoll wie in denen in der Marktgasse

**Orientalische Atmosphäre in der Marktgasse**

Fotioú; dafür schmeckt es umso besser. Viele gekochte Speisen, morgens bis 10 Uhr die markttypische Kuttelsuppe Patsá.

**Kírkor/Fyllo...sophíes:** Platía El. Venizélou.

Die beiden ältesten Lokale am Morosini-Brunnen servieren den ganzen Tag über die leckere Blätterteigpastete Bugátsa, gefüllt mit Grießpudding (*kréma*) oder Käse (*tirí*).

**Émbolo:** Odós M. Miliará 7 (ab Odós Evans), teuer.

Stimmungsvolle Taverne mit zahlreichen kretischen Spezialitäten, die insbesondere aus der Gegend von Anógia stammen. Im Winterhalbjahr Do–Sa abends kretische Livemusik.

**Loukoulos:** Odós Koraí 5, Luxus.

Gepflegtes Restaurant mit italienischer Küche an einer autofreien Gasse im Zentrum.

**Aerakis:** Odós Dedálou 35. Große Auswahl griechischer CDs, kretische Naturprodukte.

**Harley-Davidson:** Odós Idoméneos 3. Nicht nur Motorräder, auch Zubehör und Fan-Artikel.

**Kannabishop:** Odós Milátou 23. Kleidung, Taschen und Schuhe – alles aus Hanf.

**Nightlife:** Iráklios Szene für den Abend ist ständig in Bewegung, die Namen einzelner Spots sind da nur Schall und Rauch. Straßencafés voller junger Leute drängen sich an der **Odós Koraí.** Rock Bars und Music Clubs konzentrieren sich auf die **Odós Chandakós** und die benachbarten Gassen **Odós Stefaníton** und **Odós 1878;** typische Lokale mit kretischer Musik liegen an der Straße nach Knossós.

**Kultur-Festival** (Juli bis Ende Sept.): Verschiedene Veranstaltungsorte. Theater, Konzerte, Ballett und Folklore unter internationaler Beteiligung.

**Stadtbusse:** Linie 1 von Platía Eleftherías zum Flughafen. Linie 2 vom Busbahnhof A am Hafen, vom Morosini-Brunnen und von Platía Kornárou nach Knossós. Linie 6 von Platía Eleftherías nach Ammoudará. Linie 7 von Platía Eleftherías nach Amnissós.

**Fernbusse:** Mit allen Städten Kretas sowie allen Dörfern des Regierungsbezirks Iráklio (Näheres bei den einzelnen Zielorten). Es gibt in Iráklio drei Busbahnhöfe:

**Busbahnhof A:** Odós Sof. Venizélou, am Hafen südlich der Uferstraße, Tel. 024 50 17. Busse nach Archánes, Mália und auf die Lassíthi-Hochebene, nach Fódele und Agía Pelagía sowie zu allen Orten im Osten Kretas.

**Busbahnhof B:** Odós Machís Krítis, am Chaniá-Tor, Tel. 025 59 65. Busse nach Festós und Mátala, Agía Galíni und Léndas.

**Busbahnhof C:** Gegenüber von Busstation A nördlich der Uferstraße, Tel. 022 17 65. Busse nach Georgioúpoli, Réthimno, Chaniá sowie zur Samariá-Schlucht.

## Kaliviani-Kloster

**Lage:** J 5
**Beste Besuchszeit:** Mo–Fr 8–13 Uhr

Das Kloster liegt an der Hauptstraße von Iráklio nach Festós (Wegweiser: Panagía Kalyvianí). Zum modernen Kloster, das einer kleinen Stadt gleicht, gehören ein Waisenhaus, ein Mädchenpensionat, ein Alters- und Krankenheim sowie eine große Handarbeitsschule. Die Produkte, vor allem Ikonen, Web- und Stickarbeiten, werden in einer großen Verkaufsausstellung gezeigt.

## Kíssamos

**Lage:** A 2
**Vorwahl:** 0822
**Einwohner:** 3000

Die verschlafene, vom Tourismus kaum berührte Provinzstadt besitzt außer spärlichen Resten einer venezianischen, heute von Kapernzweigen berankten Stadtmauer keine Sehenswürdigkeiten. Überregionale Bedeutung hat die auch noch wie früher Kastélli genannte Stadt nur wegen ihres ca. 3 km nordwestlich gelegenen Fährhafens, von dem mehrmals wöchentlich Fähren zum Peloponnes und einmal nach Piräus verkehren. Bootsausflüge führen tgl. um 9 Uhr zur unbewohnten Insel Gramvoúsa (s. S. 40).

**Busverbindungen:** mit Chaniá 10–15x tgl. im Sommer, mit Elafonísi 1x tgl., mit Falássarna und Paleochóra 3–4x tgl.

## Knossós

**Lage:** L 4
**Extra-Tour 1, 5:** s. S. 85, 93

**Palast in Knossós, der Hauptstadt Kretas in minoischer Zeit**

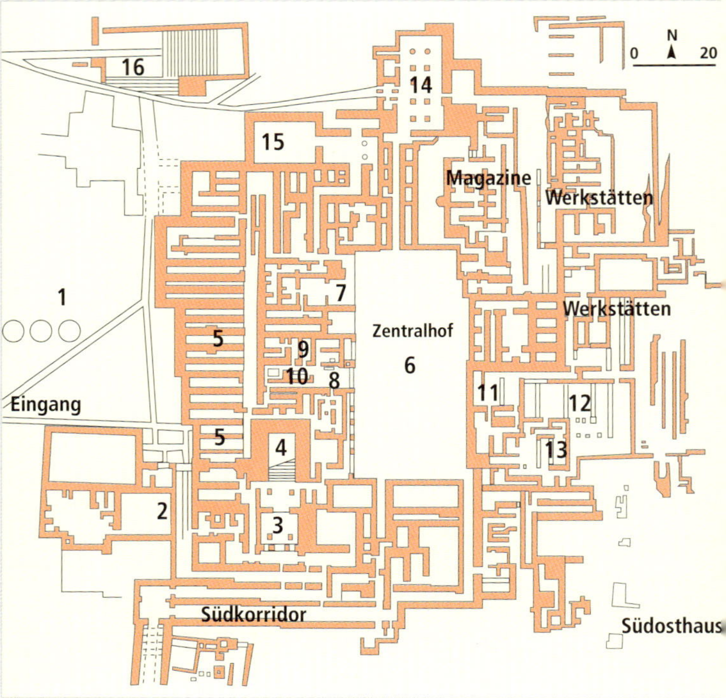


Knossós gilt als Hauptstadt Kretas in minoischer Zeit. Hier soll Minós als oberster König der Insel regiert haben. Der britische Archäologe Sir Arthur Evans legte das Palastzentrum zwischen 1900 und 1941 frei. Auf einer Grundfläche von 21 000 m² verteilten sich über 1300 Räume auf zwei bis vier Etagen; schätzungsweise 100 000 Menschen lebten hier.

Sir Arthur ging bei seinen Ausgrabungen – zur Freude der alljährlich 700 000 Besucher – nicht streng wissenschaftlich vor. Bei der Benennung der Räume ließ er seiner Phantasie freien Lauf; zahlreiche in der Fachwelt umstrittene Rekonstruktionen vermitteln dem Laien ein anschauliches Bild davon, wie der Palast einmal ausgesehen haben könnte. Sogar Fresken, deren Originale im Archäologischen Museum ausgestellt sind, ließ Evans auf wieder errichtete Mauern kopieren.

## Rundgang

Über den **Westhof** (1) mit seinen Vorratsgruben und einer Büste von Sir Arthur Evans betritt der Besucher zunächst den **Prozessionskorridor** (2), den einst 500 Fresken zierten; auf ihnen waren die Prozessionsteilnehmer zu sehen. Von den **Südpropyläen** (3) führt eine breite **Treppe** (4) hinauf ins Piano Nobile, von dem aus man das ganze Gelände gut überblickt. Dabei sieht man auch die 21 **Vorratsräume** (5) auf der Westseite des Palastes, in denen einst über 500

Píthoi genannte große Vorratsgefäße standen. Vom 50 x 28 m messenden **Zentralhof** (6) gehen zahlreiche Räumlichkeiten ab. Im so genannten **Thronraum** (7) steht ein schmuckloser Alabasterthron, im Vorraum dessen hölzerne Nachbildung. Daran schließen sich südlich ein **Heiligtum** mit dreigeteilter Fassade (8), die **Schatzkammer** (9) und eine **Krypta** mit Pfeilern (10) an – vielleicht die Nachbildung eines Höhlenheiligtums. Das Große **Treppenhaus** (11) im Wohntrakt des Palastes ist wie so vieles hier eine Evan'sche Rekonstruktion. Sie zeigt aber gut, wie die Minoer mit Hilfe von Innenhöfen und Lichtschächten Licht ins labyrinthartige Dunkel brachten. Im **Mégaron des Königs** (12) steht wiederum ein Thron. Zum **Mégaron der Königin** (13) gehören auch ein Badezimmer mit rekonstruierter Badewanne und ein Boudoir mit Wasserklosett. Verlässt man den Innenhof in nördlicher Richtung, passiert man das so genannte **Zollhaus** (14) und ein **Wasserbecken** (15), in dem wahrscheinlich rituelle Waschungen wie heute noch vor Moscheen vollzogen wurden. Die **Schautreppen** (16) im Nordwesten des Areals boten etwa 500 Menschen Platz. Was sie von dort aus anschauten, bleibt wie so vieles hier für immer ein Geheimnis.

## Kokkíni Cháni

**Lage:** L 3
**Vorwahl:** 081

Lang gestreckter Küstenort ohne besonderes Flair; viele Hotels.

**Archaeological Site of Nirou:** An der Hauptstraße, Di–So 8.30–15 Uhr frei zugängl.
Bis in Brusthöhe erhaltene Mauern einer kleinen minoischen Villa.

Einige sehr schmale **Sandstrände**.
**Water City:** 5 km landeinwärts (ausgeschildert), tgl. 10–18 Uhr, ab 13 Uhr ermäßigter Eintritt.
Viele lange Wasserrutschen und Pools, einer davon mit künstlich erzeugten Wellen.

**Arina Sand:** Uferstraße, Tel. 07 61 13, Fax 076 11 79, teuer.
Großhotel am feinsandigen Strand mit Kinderbetreuung, Animation und vielen Sportmöglichkeiten. Eines der ersten Hotels in Griechenland mit dem ›Alles-Inklusive-Prinzip‹ (Vollpension, Soft Drinks und alle einheimischen alkoholischen Getränke im Pauschalpreis inbegriffen).

## Kolimbári

**Lage:** B 2
**Vorwahl:** 0824
**Einwohner:** 750

Obwohl Kolimbári nur einen Kieselsteinstrand besitzt, entwickelt sich der Ort seit Mitte der 90er Jahre zu einem Touristenzentrum. Zuvor war er fast nur Teilnehmern von Tagungen bekannt, die die Orthodoxe Akademie Kretas in ihrem großen Zentrum 2 km nördlich noch immer regelmäßig veranstaltet. Im Geiste der Ökumene sollen dort Christen aller Konfessionen zusammenkommen.

**Kloster Odigítrias Goniás:** An der Straße von Kolimbári zur Akademie, So–Fr von Sonnenaufgang bis 12.30 Uhr

und von 16 Uhr bis Sonnenuntergang, Sa nur ab 16 Uhr.
1618 erbautes, 1941 teilweise zerstörtes Männerkloster mit wertvollen Ikonen aus dem 17. Jh. Die Klosterkirche birgt außerdem eine figurenreiche Ikone aus dem Jahr 1792 mit der Darstellung des Jüngsten Gerichts. Bemerkenswert ist auch eine Ikone, die in mehreren Bildfeldern die Josephsgeschichte erzählt (1645).

**Orthodoxe Akademie:** Tel. 02 22 45, Fax 02 20 60, Bürozeiten Mo–Fr 9.30–13, 16.30–20 Uhr.
Auskünfte über das Tagungsprogramm auch auf Deutsch.

**Busverbindungen:** Mehrmals tgl. mit Chaniá und Kíssamos.

**Die Kirche Panagía i Kerá bei Krítsa birgt wertvolle Wandmalereien**

## Kournás-See

**Lage:** E 3

Kretas größter natürlicher Süßwassersee, Límni Kourná, liegt in einer Talmulde nahe dem Meer bei Georgioúpoli. Einst ein Naturidyll, wird er jetzt intensiv touristisch genutzt. Man kann Tretboote mieten und gelegentlich auch auf dem See surfen. Am Ufer und im Dorf Kournás gibt es Tavernen.

## Krítsa

**Lage:** O 5
**Vorwahl:** 0841
**Einwohner:** 2100

Das 16 km von Ágios Nikólaos entfernte Bergdorf wird schon seit Jahrzehnten als kretisches Bilderbuchdorf verkauft. Das war es noch, als hier Jules Dassin 1957 viele Szenen des Films »Der Mann, der sterben muss« nach einem Roman von Níkos Kazantzákis (»Griechische Passion«) drehte.

**Panagía i Kerá:** An der Straße von Ágios Nikólaos nach Krítsa, 2 km vor dem Ortsanfang, Mo–Sa 8.30–15, So 8.30–14 Uhr, Foto/Video im Innenraum streng verboten.
Dreischiffige Kirche aus dem 13. Jh. Die sehr gut erhaltenen Fresken im Innenraum aus dem 13.–15. Jh. zeigen die Unterschiede zwischen streng byzantinischer Malerei und dem von der italienischen Renaissance geprägten Malstil der ›Kretischen Schule‹.

**Argiro:** An der Hauptstraße von Ágios Nikólaos ins Dorf gegenüber der Abzweigung nach Lató, Tel./Fax 05 11 74, günstig.

Einzige Pension im Ort, Zimmer mit und ohne Dusche/WC.

**Sareidákis:** Kaffeehaus an der Hauptgasse im Ortszentrum gegenüber vom Kiosk. Hier kann man Soumáda (mit Wasser verdünnte Mandelmilch) und Kaneláda (Zimtsirup mit Wasser) probieren.

**Busverbindung:** 8–11x tgl. zwischen 6 und 20 Uhr mit Ágios Nikólaos.

## Lató

**Lage:** O 4
**Geöffnet:** Di–So 8–14.30 Uhr

Ausgrabungen einer Stadt aus dem 7.–4. Jh. v. Chr., die einsam an einem Hügel liegen. Von der Ruine des Stadttors gelangt man über eine stufenreiche antike Gasse mit Resten von Häusern und Werkstätten auf die Agorá mit Zisterne, Tempelresten, einem kleinen Theater und zwei Türmen der ehemaligen Stadtmauer.

**Busverbindung:** Von Ágios Nikólaos bis Krítsa; von dort nur zu Fuß oder mit Leihfahrzeug.

## Liménas Chersonísou

**Lage:** M 3
**Vorwahl:** 0897
**Einwohner:** 2200
(inkl. Binnendorf Chersónisos)

Aus dem winzigen Fischerhafen des 2 km entfernten Binnendorfes Chersónisos hat sich seit den 80er Jahren Kretas bedeutendstes Touristenzentrum entwickelt. Schön ist die fast verkehrsfreie Uferpromenade mit zahllosen Lokalen, ein Graus die enge, viel befahrene Hauptstraße mit unzähligen Geschäften, Discos und wiederum Lokalen. Die Strände sind für die zahlreichen Gäste viel zu klein; Sport-, Unterhaltungs- und Ausflugsmöglichkeiten dafür gut.

**Basilika Ágios Nikólaos,** Am östlichen Ortsrand nahe dem Pool des Hotels ›Eri Beach‹, und **Basilika Kastríou,** am westlichen Ortsrand auf dem Fels am Fischerhafen: beide frei zugänglich. Von den frühchristlichen Basiliken (5./6. Jh.) sind noch Grundmauern, Säulenteile und Reste von Bodenmosaiken zu erkennen.
**Römischer Brunnen:** Auf der Uferpromenade 20 m westlich des kleinen Platzes, frei zugänglich. Pyramidenförmiger Brunnen mit rekonstruierten Kaskadenstufen aus dem 3. Jh., schönes Mosaik mit Darstellungen von Fischern und Meeresgetier.
**Lychnostátis-Museum:** Östlich des Spaßbades ›Water Star‹, April–Okt. Di–So 9.30–14 Uhr. Privates volkskundliches Freilichtmuseum mit Töpferei, Weberei und Wollfärberei; im Sept. und Okt. Mi 11 Uhr Weinfeste mit Traubentreten und Rakí-Brennen.
**Museum of Rural Life:** Im Dorf Piskopianó, Di–So 11–13 und 16–20 Uhr.
Kleines volkskundliches Museum, in dem man sehen kann, wie viele Kreter noch im frühen 20. Jh. lebten.

**Star Water Park:** am östlichen Ortsrand direkt am Meer, tgl. 10–20 Uhr, Internet: www.starbeach.gr, Eintritt frei; mit Bungee-Springen.

**Aqua Splash:** 5 km landeinwärts an der Straße nach Kíssamos, viele lange Wasserrutschen, tgl. 10–19 Uhr, ab 14 Uhr verbilligter Eintritt.
**Strände:** Die schmalen Sandstrände im Ort sind überfüllt. Kleine Badebuchten zwischen Felsen beginnen am östlichen Ortsrand.

**Eselsritte:** ›Country Fun Donkey Tours‹, an der Straße nach Chersónisos, Tel. 02 19 69, Mobiltelefon 09 44/67 86 66. Vormittäglicher Eselsritt durch Olivenhaine und ursprüngliche Dörfer.
**Mountainbike-Touren:** Tgl. wechselnde Angebote durch die Station von ›Hellas Bike Travel‹ am Grecotel ›Creta Sun‹.
**Spaziergänge:** Zum Binnendorf **Chersónisos,** 50-minütiger Spaziergang, Wegweisern zum ›Traditional Village‹ folgen, Rückfahrt per Taxi möglich. Gute Restaurants mit traditionellen kretischen Weinen und Speisen am schönen Dorfplatz, z. B. ›Bleu Porta‹ und ›To Konáki‹. Zu den Binnendörfern **Koutouloúfari** und **Piskopianó,** reine Gehzeit ca. 2 Std. Zwei schmucke Dörfer am Berghang oberhalb des Touristenzentrums mit guten Tavernen wie ›Mirtiá‹ in Piskopianó und stimmungsvollen kleinen Hotels wie dem ›The Village Holiday Club Kutulufári Apartments‹ in Koutouloúfari (Tel. 02 26 88, Fax 02 14 87, teuer).
**Tauchen:** ›Creta Maris Dive Center‹, am Strand des Hotels ›Creta Maris‹, Tel. 02 21 22, Fax 02 21 30.
›Scuba Kreta Diving Club‹, im ›Nana Beach Hotel‹, Tel. 02 40 76, Fax 02 49 16.
**Tennisschule:** ›Tennis Progress‹ im Hotel ›Creta Maris‹, auch Turniere und Kurse für Kinder.

**Bootsausflüge:** Mit der Segeljacht ›Calypso‹ und dem Kaíki ›Aeólus‹ zur Insel Día, mit dem Kaíki ›El Greco‹ nach Sísi. Buchung am Hafen möglich.
**Reiten:** Finíkia Horse Riding Tours, gegenüber vom Star Water Park, Tel. 09 45/92 41 12, veranstaltet halbtägige Ausritte mit Picknick; Kinder können Runden auf Ponys drehen.

**Niki:** 25is Martiou 8, östl. Teil der Uferpromenade, Tel. 02 23 79, Fax 02 23 80, günstig.
Einfaches Hotel mit zumeist jüngeren Gästen direkt über winzigem Sandstrand; Frühstücksterrasse direkt am Meer; jedoch katastrophale Einzelzimmer.
**Albatros:** Parodós Dimokratías, am westlichen Ortsrand, Wegweisern zum benachbarten Hotel ›Creta Maris‹ folgen. Tel. 02 26 44, Fax 02 32 50, moderat.
Modernes, ruhig gelegenes Allerweltshotel mit riesigen Gummibäumen am Pool. Empfehlenswert, wenn man ein Zimmer mit Meerblick nimmt.
**Creta Maris:** Am westlichen Ortsrand, Tel. 02 21 15, Fax 02 21 30, Internet: www.maris.gr, Luxus.
Komfortable Hotelanlage im Dorfstil mit sehr großem Sport- und Unterhaltungsangebot.

**Caravan Camping:** An der Uferstraße, 1500 m östlich des Ortes, Tel. 02 20 25.
Kleiner schattiger Zeltplatz, auf dem auch einige sehr einfache Bungalows gemietet werden können.

**Acropolis:** An der Platía Eleftherías an der Uferpromenade, moderat.
Die Speisekarte wird durch 450 Fotos auf Stellwänden und Lichttafeln illustriert.
**Castello:** Evangelistrías (die Gasse, die gleich westlich der Kirche von der Hauptstraße zum Meer führt), moderat.
Einfache Taverne mit zypriotischen Spezialitäten, Wirt Kóstas Florídes greift abends häufig zur Gitarre.
**Konáki:** An der Platía von Chersónisos, moderat.
Mehrere Gerichte mit Schnecken; als Süßspeise die Teigbällchen Loukoumádes.
**Kostas:** Am Kirchplatz von Piskipianó, günstig.
Gemütliche Taverne mit sehr freundlichen Wirtsleuten, dem Urlaubergeschmack angepasste kretische Küche, exzellente Schweinefleischspieße. Zur Begrüßung gibt es einen Rakí. Dörfliche Atmosphäre.
**Mýthos:** Sanoudáki Georg. 19, moderat.
Traditionelle griechische Familientaverne, gute Dolmádes. Wechselnde Tagesgerichte, nach denen man fragen muss, da sie nicht auf der Karte stehen.
**Pirattas:** Zwischen Lychnostátis Museum und Star Water Park, moderat.
Barbecue und Pizza aus dem Steinofen in einer Deko, in der man sich wie ein Pirat fühlt.
**Galíni:** Al. Minoti, in Koutouloúfari, teuer.
Sehr touristisch, aber mit exzellentem Service und fröhlich-griechischer Stimmung. Große Auswahl an Speisen und Weinen.

**After Dark:** An der Hauptstraße 50 m westlich der Kirche, tgl. ab 22 Uhr. Größter Disco-Club im Ort.
**Camelot:** St. Paraskevís 8, tgl. ab 22.30 Uhr. Disco im Stadtzentrum mit Hunderten von Spotlights und Scheinwerfern unter der Decke, langer Tresen. Eintritt frei.
**Kino im Hotel ›Creta Maris‹:** Tgl. um 20.30 und 22.30 Uhr englischsprachige Filme.

**Busverbindungen:** Alle Busse von Iráklio in den Osten der Insel halten in Liménas Chersonísou. Busse nach Iráklio halbstündlich zwischen 6.30 und 23 Uhr, ab Iráklio nur bis 22 Uhr.

Zur Lassíthi-Hochebene morgens hin, nachmittags zurück.
Mo–Fr Tagesausflug per Linienbus nach Váï möglich.

## Mália

**Lage:** N 4
**Vorwahl:** 0897
**Einwohner:** 3200

Einer der am stärksten vom Tourismus geprägten Orte Kretas mit langen, breiten Sandstränden und einem kleinen alten Ortskern, dessen Häuser größtenteils als Bars und Tavernen genutzt werden.

**Minoischer Palast:** 2 km östlich der Siedlung, von der Schnellstraße aus gut ausgeschildert, tgl. 8.30–15 Uhr.
Der 1 km² große, seit 1915 freigelegte Palastbezirk aus der Zeit zwischen 1700 und 1450 v. Chr. ähnelt in vielem dem Palast von Knossós. Da hier aber nichts rekonstruiert wurde, ist er für den Laien weniger attraktiv. Man erkennt einen Thronsaal, Pfeilersäle, die Vorratsräume, den üblichen Zentralhof, in ein nicht mehr vorhandenes Obergeschoss führende Stufen sowie die theaterähnlichen Schautreppen. Von besonderem Interesse sind der auf dem Zentralhof liegende Kernós, eine runde Steinplatte mit 35 Vertiefungen, in denen Samen und Flüssigkeiten als Opfer dargebracht wurden, sowie der durch ein Schutzdach markierte Bereich der Agorá. Dieses unter dem übrigen Bodenniveau gelegene Areal mit zehn Räumen stammt aus der Altpalastzeit; die Funktion ist unbekannt.

**Mália Beach & Eastern Beach:** Lange, breite Sandstrände ohne natürlichen Schatten säumen die Küste vor Mália bis zum minoischen Palast.

**Mountainbiking:** ›Hellas Bike Travel‹, im Hotel ›Mália Park‹, Tel. 03 14 61, Fax 03 14 60.
Geführte Touren und Verleih.

**Grecotel Mália Park:** Etwa 2 km östlich des Zentrums direkt am Strand, Tel. 03 14 61, Fax 03 14 60, Internet: www.grecotel.gr, Luxus.
Großes Sport- und Unterhaltungsangebot, eigener Kinderclub. Das Besondere ist der alte Baumbestand im großen Hotelgarten.

**Avlí:** An der Hauptstraße vom Taxistand zum Strand, moderat.
Zentral, abseits des Trubels.
**Kalesma:** Odós Omiroú 8, Altstadt, tgl. ab 18 Uhr, Tel. 03 31 25, Tischreservierung dringend zu empfehlen, teuer.
Traditionelles Mezedopoleio mit einer Riesenauswahl exzellenter griechischer und kretischer Vorspeisen.

Die meisten **Bars** und **Diskotheken** sind ganz auf den anglo-irischen Geschmack eingestellt; häufig finden Karaoke-Abende statt. In vielen Bars laufen schon tagsüber Videofilme. Die In-Clubs 2000: **Apollo Club, Cloud, Zig Zag, Exodus,** alle an der Straße zum Strand.

**Kirchweihfest (Pfingstsonntag):** An der Kirche Ágios Pnéfma (Hl. Geist) nahe dem alten Hafen; mit Musik und Tanz.

**Busverbindung:** In Mália halten alle Busse von Iráklio in den Osten der Insel. Busse nach

**Lange und breite Sandstrände säumen die Küste bei Maliá**

Iráklion halbstündlich zwischen 6.30 und 23 Uhr, ab Iráklio nur bis 22 Uhr. Lassíthi-Hochebene morgens hin, nachmittags zurück. Mo–Fr Tagesausflug per Linienbus nach Váï möglich.

## Margarítes

**Lage:** H 3
**Vorwahl:** 0834
**Einwohner:** 330

Töpferdorf, in dem früher vor allem die Píthoi, mannshohe Vorratsgefäße, gefertigt wurden. Heute arbeitet hier wieder etwa ein Dutzend Keramiker, von denen noch zwei die traditionellen Píthoi produzieren. Man findet sie am oberen Ortsende links der Straße von Margarítes nach Eléftherna.

**Atelier für skulpturelle Keramik:** Am unteren Ortsende rechts der Straße zur Küste, tgl. ab 10 Uhr.
Moderne, meist mehrfarbige Keramik ohne folkloristische Züge, im Haus produziert vom deutschen Künstler Carlos Neubauer. Kaffeebecher und Wandschmuck, Brettspiele und Armreife, Krüge.

**Busverbindung:** Mit Réthimnon Mo–Fr 2x tgl.

## Mátala

**Lage:** H 6
**Vorwahl:** 0892
**Einwohner:** Im Sommer 300, im Winter 25

Während des Vietnam-Krieges (1965–75) wurde der kleine Weiler an der Südküste als Hippie-Treffpunkt weltberühmt. Amerikanische Kriegsdienstverweigerer hatten sich hierher zurückgezogen. Heute lebt nur noch ein Hippie (›Scotty‹) aus jener Zeit hier; der ganz normale Tourismus hat Fuß gefasst. Den historischen Ortskern bildet das alte Fischerviertel an dem Felsen, der die Bucht im Süden einrahmt. Das Hotelviertel zieht sich vom Strand inzwischen über 1 km weit ins Landesinnere nach Pitsída (s. S. 70) hinein.

**In den 60er und 70er Jahren von Hippies als Winterbehausung geschätzt – die Grabhöhlen von Mátala**

**Ausgrabungen:** Im Ortsbereich am Weg zum Red Beach. Grundmauern einer Siedlung aus römischer und frühbyzantinischer Zeit, frei zugänglich.

**Grabhöhlen:** Im Fels auf der Nordseite der Bucht, tgl. 9–15 Uhr. In römischer und frühbyzantinischer Zeit aus dem Fels gemeißelte oder auch natürliche Grabkammern mit eingetieften Sarkophagen und steinernen Bänken. Den Hippies der 60er/70er Jahre dienten diese Höhlen als Winterbehausung.

Der schöne sandige **Ortsstrand** ist tagsüber sehr voll. Eine Alternative bildet der **Red Beach**, wo auch FKK möglich ist (30 Min. zu Fuß oder per Taxiboot). Taxiboote verkehren ferner zum **Kómmos Beach** (s. S. 70).

**Samstagsmarkt in Míres:** Jeden Sa findet vormittags im Zentrum von Míres der größte Wochenmarkt Süd-Kretas statt. Unbedingt probieren sollte man hier das traditionelle, anderswo aber nur noch selten erhältliche Getränk Kanelláda: eine Art eisgekühlte Zimt-Limonade. Mehrere Straßenhändler bieten sie preiswert feil.

**Eva-Marina:** Im Zentrum am Weg zum Red Beach, Tel./Fax 04 51 25; im Winter in München, Tel. 089/678 90 02, Fax 673 17 79, günstig.
Wirt Jánnis Zevgadákis ist Hobby-Philosoph und spricht so perfekt Deutsch, dass man mit ihm stundenlange Gespräche über Gott und die Welt führen kann. Alle Zimmer der kleinen Pension haben Balkon und ein Bad mit Badewanne. Der Stolz des Wirts allerdings sind die längsten Ablagen Kretas im Bad und sein Mobiliar aus echtem Holz statt Spanplatten.

**Niko's:** Im Zentrum am Weg zum Red Beach, Tel. 04 53 75, Fax 04 51 20, günstig.
Zweigeschossige Pension mit 22 kleinen Zimmern um zwei pflanzenreiche Innenhöfe mit der wohl

größten Zierkürbissammlung der Insel. Wirt Nikos, von Beruf Maurer, hat alles selbst gebaut; er spricht gut Deutsch.

Schattiger **Campingplatz** direkt am Strand.

**Lion's:** Restaurant mit Terrasse direkt am Strand, teuer.
Koch Makis hat zuletzt fünf Jahre in einem australischen Luxushotel gearbeitet – exzellente griechische und internationale Küche; hervorragender Hauswein, gute Käseplatte, leckere Bratkartoffeln zum Schnitzel. Fisch und Hummer zu Portionspreisen.
**Scala:** Im alten Fischerviertel, teuer.
Bestes Fischrestaurant im Ort; man sitzt direkt am Ufer.

**Hand Craft in Olive Wood:** An der Bazargasse. Große Auswahl an Olivenholzobjekten.
**Papadakis:** Am Weg von der Platía zum Fischerviertel. Farbige Keramik aus eigener Töpferei

**George's Music Bar:** Im alten Fischerviertel. Die beste Musikanlage im Ort, schöner Blick aufs Wasser.

**Busverbindungen:** Mit Iráklion und Festós 9x tgl., mit Agía Galíni Mo–Fr 6x, Sa/So 3x tgl.

## Melidóni

**Lage:** H 3

Kleines Dorf mit sehr ursprünglicher Platía in einem Talkessel.

**Spíleo Melidóni:** Tropfsteinhöhle 2 km außerhalb an einem Berghang, mit ›Cave‹ ausgeschilderte Asphaltstraße führt hinauf, tagsüber geöffnet. Hallenartige, elektrifizierte und leicht zu begehende Höhle. In minoischer Zeit war sie Kult-, heute ist sie nationale Gedenkstätte: In einem Altargrab liegen die sterblichen Überreste von 370 Männern, Frauen und Kindern. 1823 hatten türkische Truppen sie in der Höhle eingeschlossen, Reisig vor ihr aufgeschichtet und diesen angezündet – die Menschen erstickten.

Nur mit dem Auto erreichbar.

## Mílatos

**Lage:** N 3
**Vorwahl:** 08 41

Das kleine, ursprünglich gebliebene Binnendorf Mílatos und sein Hafen Paralía Milatoú liegen in einer fruchtbaren, auf drei Seiten von Hügeln umschlossenen Küstenebene. Der Hafenort ist ein guter Zwischenstopp für Individualurlauber, die sich mit ein wenig Kieselsteinstrand zufrieden geben und dafür gern den Massen aus dem Weg gehen.

**Milatoú Cave:** Tropfsteinhöhle 4 km außerhalb des Binnendorfes (ausgeschildert), 5 Gehminuten von der Straße entfernt, frei zugänglich. In der unbeleuchteten Grotte eine kleine Kapelle, großartiger Blick übers Tal und die Küste. Taschenlampe mitnehmen, rutschfeste Sohlen empfehlenswert!

**Coral:** An der Uferstraße 20 m östlich der Platía, Tel. 08 10 69, günstig.

4 Zimmer und 2 Apartments bei der freundlichen Wirtin María Bounialíou. Kochgelegenheit und Kühlschrank.

## Móchlos

**Lage:** P 4
**Vorwahl:** 0843
**Einwohner:** 60

Das kleine Dorf 7 km abseits der Hauptstraße von Ágios Nikólaos nach Sitía ist ein beschaulicher Urlaubsort, allerdings sind die Strände sehr bescheiden. Seinen besonderen Reiz macht das unmittelbar vorgelagerte Inselchen Ágios Nikólaos aus. Dort legten Archäologen Gemäuer und Gräber aus mittel- und spätminoischer Zeit frei.

**Ta Kavouria:** Taverne unmittelbar am Hafen, Tel./Fax 09 42 04, günstig/moderat.
Langusten und Fisch sind hier relativ preiswert. Wirt Spýros Galanákis vermietet auch 11 Zimmer mit Balkon und vermittelt Boote zum Übersetzen auf die Insel Ágios Nikólaos.

## Mochós

**Lage:** M 4
**Extra-Tour 2:** s. S. 86
**Vorwahl:** 0897
**Einwohner:** 1400

Schon die kurvenreiche Fahrt von Stalída hinauf auf die Hochebene, auf der Mochós liegt, ist ein aussichtsreiches Erlebnis. Sehr lohnend ist auch eine längere Pause auf dem Dorfplatz mit seinen guten Tavernen.

**Dorfkirche:** Am Dorfplatz. An der Ikonostase hängt eine schöne Ikone. In 24 Bildfeldern rund um die Darstellung Mariä Verkündigung illustriert sie einen der schönsten liturgischen Gesänge der orthodoxen Kirche, den Akathist-Hymnus.

**Im Hinterland geht alles noch seinen alten Gang**

**Kloster Panagía i Kerá:** 8 km von Mochós entferntes Mönchskloster auf 360 m Höhe.
Die Marienikone an der Ikonostase gilt den Einheimischen als Werk jenes Lazarus, den Jesus von den Toten auferweckte. Sie ist angekettet. Der Legende nach hatten die Türken sie nach Istanbul verschleppt und dort nach zwei erfolgreichen ›Fluchtversuchen‹ an einer Säule angekettet. Dennoch kehrte die Ikone samt Kette und der heute vor der Kirche stehenden Säule selbstständig ins Kloster zurück.

**Mary:** am Dorfrand, gut ausgeschildert, Tel./Fax 06 15 34, ganzjährig geöffnet, moderat.
Modernes, ruhig gelegenes Hotel mit 12 Zimmern und Pool, sehr gutes Preis-Leistungsverhältnis. Wirt Gerald ist Deutsch-Italiener, seine Frau Maria stammt aus Piräus.

**Adélfi Kapetanáki:** Am Dorfplatz, günstig.
Taverne mit exzellenter kretischer Küche; abends oft kretische Musik.
**O Skoteinianós:** Kafeníon an der Hauptstraße Richtung Lassíthi-Hochebene, ausgemalt mit Porträts und Szenen aus der griechischen Geschichte und Mythologie.

**Kirchweihfeste:** 15. Aug. auf der Platía, den Wein spendiert die Gemeinde.

**Busverbindungen:** Mehrmals tgl. mit Iráklio.

## Palékastro

**Lage:** S 4
**Vorwahl:** 0843

Das erst nach 1850 gegründete Dorf ist insbesondere bei Individualreisenden beliebt. Ein Moped zu mieten, ist empfehlenswert, da die nächsten Strände 2 km vom Dorf entfernt liegen.

**Roussolákkos:** am Chióna-Strand, frei zugänglich. Die nach Knossós zweitgrößte spätminoische Siedlung der Insel. Die Grabungen deckten Straßenzüge und Grundmauern vieler Häuser auf.

Viele gute **Sand- und Kiesstrände** im Umkreis (10 km).

**Surfschule** am Plakopoúles Beach.

**Touristeninformation:** 50 m vom Dorfplatz entfernt an der Straße Richtung Sitía, Tel. 06 12 25, Mo–Sa 9–22, So 9–12.45 und 18.30–21.30 Uhr.

**Haus Eva:** An der Straße nach Zákros, 150 m vom Dorfplatz, Tel. 06 13 88, günstig und moderat.
2 Apartments und 5 Zimmer mit Kühlschrank und Kochgelegenheit; Deutsch sprachige Wirtsleute.
**Marina Village:** Außerhalb des Ortes, gut ausgeschildert, Tel. 06 12 84, Fax 06 12 85, moderat.
32 Zimmer in mehreren zweigeschossigen Gebäuden in einem schönen Garten mit Pool und Tennisplatz, etwa 15 Gehminuten vom Strand. Zum Hotel gehören außerdem drei Apartments für vier Personen in einem alten Haus direkt am Strand von Chióna.

**Batis:** Am Chióna-Strand, günstig.
Tische und Stühle auf einer Terrasse am Meer. Man sitzt unter Tamarisken.

**Chióna:** Am Chióna-Strand, günstig.
Restaurant mit einer auf drei Seiten vom Meer umspülten Terrasse.

**Busverbindung:** Mit Sitía und Váï Mo–Fr 4–5 tgl., Sa/So 2–3x tgl., mit Káto Zákros Mo–Fr 2x tgl., Sa/So 1x tgl.

## Paleochóra

**Lage:** B 4
**Vorwahl:** 0823
**Einwohner:** 1400

Die zweitgrößte Siedlung an der kretischen Südküste besitzt einen langen Sandstrand. Seit Jahrzehnten ist sie bevorzugtes Ziel Deutsch sprachiger Individualurlauber.

**Kástro Selínos:** Venezianisches Kastell auf der Spitze der Halbinsel von Paleochóra.

**Kóstas:** An der Hauptgasse im Viertel Gavdiótika, Tel. 04 11 97, Fax 04 12 48, günstig.
Kleine Pension mit schöner Terrasse, einfache Zimmer, z. T. nur mit Etagenduschen.

**Kino:** Im Zentrum Freiluftkino, tgl. neue Filme.

**Busverbindungen:** 4 x tgl. mit Chaniá und Kíssamos (Kastélli), 1 x tgl. mit Ómalos (zur Samariá-Schlucht).

## Pitsídia

**Lage:** H 6
**Vorwahl:** 0892

Das 2 km vom Strand entfernte Binnendorf mit vielen Häusern aus dem 19. Jh., zu dem auch der Badeort Mátala (s. S. 65) gehört, ist seit Jahrzehnten ein Treffpunkt zumeist deutscher Alternativtouristen und Aussteiger.

**Kommós:** Am gleichnamigen Strand legen amerikanische und kanadische Archäologen die weitläufigen Reste der minoischen Hafenstadt von Festós und eines Heiligtums aus hellenistischer Zeit frei. Das Betreten des Grabungsgeländes ist nicht gestattet, aber über den Zaun hinweg erlangt man einen guten Eindruck von der Größe der Siedlung.

**Kommós Beach:** Kilometerlanger Sandstrand, weitgehend unverbaut.

**Bábis:** An der Hauptstraße, Tel./Fax 04 52 73, günstig.
Moderne, sehr ordentliche Pension mit 10 Zimmern für bis zu 3 Personen, alle mit Kochgelegenheit. Sohn Jánnis, Jahrgang 1989, gilt als musikalisches Wunderkind. Er hört eine Melodie nur einmal und schon kann er sie auf der Lýra spielen. Vater und Sohn musizieren mehrmals wöchentlich in der Taverne der Pension.
**Villa Kunterbunt:** Im Nachbarort Sívas, 4 km vom Meer, Tel. 04 26 49 und 094/41 81 09, günstig.
Einzigartige Pension in einem Olivenhain mit äußerst gastfreundlicher Wirtsfamilie (die Kinder sprechen Englisch). Alle 9 Zimmer haben eine eigene Terrasse zum blumenreichen Hof hin. Sehr preiswert, viele Stammgäste, am besten telefonisch reservieren!

**O Mylos:** Im Ort ausgeschildert, moderat.
Gutes Essen im stimmungsvollen Ambiente einer ehemaligen Oli-

**Strandidylle in Plakiás**

venölpresse aus dem Jahr 1889. Auch vegetarische Gerichte.

**Busverbindungen:** s. Mátala, S. 65.

## Plakiás

**Lage:** F 4
**Vorwahl:** 0832
**Einwohner:** 100

Plakiás ist eine moderne Touristensiedlung an einem schönen Sandstrand unterhalb zweier naher Bergdörfer, zu denen man durch Olivenhaine hinaufwandern kann. Individualurlauber überwiegen.

**Ortsstrand:** 800 m langer, relativ breiter Sand-Kiesstreifen, teilweise mit natürlichem Schatten, am Ostende FKK üblich.
**Damnoni Beach:** Langer Sandstrand vor der Kulisse einer großen Timesharing-Wohnanlage.

**Geführte Schluchtenwanderungen:** ›ANSO-Reisebüro‹, in der Seitengasse, die am Postcontainer beginnt,
Tel. 03 17 12, Fax 03 17 13.

**Préveli-Beach:** Tgl. Boote zum berühmten Strand beim Préveli-Kloster (s. S. 72).

**Emilia:** Abseits der Uferstraße in einem Olivenhain, ausgeschildert, Tel. 03 13 02, Fax 03 18 85, günstig.
10 Zimmer mit Kochgelegenheit, sehr herzliche Wirtsleute. Ruhig, viele Stammgäste.
**Mýrtis:** Am Dorfrand, Tel. 03 11 01, Fax 03 14 23, moderat.
Sehr ruhig gelegenes Hotel mit 21 Zimmern, kleinem Pool und Kinderplanschbecken.
**Plakiás Bay:** Oberhalb des östlichen Endes des Ortsstrandes, ca. 1 km vom Zentrum, Tel. 03 12 15, Fax 03 19 51, moderat.
28 Apartments für 2–4 Personen mit jeweils separatem Eingang, alle mit Meerblick und Balkon.

**Chrístos:** Am Hafen, günstig.
Schöne Terrasse unter alten Tama-

## Priester mit Sammelwut

**Im Dorf Asómatos oberhalb von Plakiás steht Kretas originellstes Museum. Patir Michális Georgoulákis hat hier Kuriositäten und Antiquitäten aus ganz Griechenland zusammengetragen, die den Besucher immer wieder erstaunen lassen. Seine deutsche Schwiegertochter Rómi führt Besucher erklä-rend herum.**
**Geöffnet Mo–Sa 10–15 Uhr.**

risken, vielseitige Küche schon seit dem Jahr 1944.
**Palígremnos:** Große Taverne am östlichen Ende des Ortsstrandes, moderat.
Gute kretische Tavernenkost mit vielen Gemüsegerichten; auch Kuchen und Süßspeisen.
**Panórama:** An der Hauptstraße des Bergdorfes Mírthios oberhalb von Plakiás, moderat.
Grandiose Aussicht, exzellente Küche. Der deutsche Inhaber und Koch Wolfgang Tusche hat viele seiner Rezepte bei alten kretischen Frauen gesammelt und nutzt die zahlreichen Kräuter und Gemüse der Insel ausgiebig. Außerdem gibt es den ganzen Tag über ein großes Salatbuffet.

**Busverbindungen:** Mit Réthimnon 6x tgl. mit Préveli 1–2x tgl., mit Frangokástello und Chóra Sfakíon 1x tgl., mit Agía Galíni und Damnóni 2x tgl., mit Mírthios 4–5x tgl.

# Préveli

**Lage:** F 5
**Extra-Tour 1:** s. S. 84

Préveli ist der Name eines verlassenen und eines noch sehr lebendigen Klosters; außerdem heißt einer der schönsten Inselstrände so. Die Klöster sind über eine gut erhaltene Asphaltstraße bequem zu erreichen; zum Strand kommt man jedoch nur zu Fuß oder per Boot.

**Káto Préveli:** Ruine eines Klosters, das vor fast 200 Jahren niederbrannte und verlassen wurde. Frei zugänglich.
**Piso Préveli:** Tgl. 9.30–14, 16–18 Uhr. Einsam hoch über der Südküste gelegenes Männerkloster mit sehenswertem Ikonenmuseum.

**Préveli Beach:** Über den von Steilufern eingerahmten Sandstrand windet sich der Mesopótamos-Fluss dem Meer entgegen. Palmen säumen den Strand und den Fluss, der weiter oben die Kourtaliótiko-Schlucht (Extra-Tour 3, s. S. 89) durchfließt.

**Zum Strand per Boot:** Ab Plakiás und Agía Galíni.
**Fußweg, Variante 1:** Vor dem Kloster Káto Préveli den Fluss queren und auf einer schlechten Piste ans Meer fahren; von dort Taxiboote oder 10 Gehminuten zum Strand. **Variante 2:** Zwischen Káto Préveli und Piso Préveli zum Parkplatz hoch über dem Strand fahren; von dort 30 Gehminuten (festes Schuhwerk nötig). **Variante 3:** Von der Brücke bei Káto Préveli aus durchs Flussbett wan-

dern, wobei teilweise im Fluss gewatet oder gar geschwommen werden muss (nur im Hochsommer möglich).

## Réthimno

**Lage:** F 3
**Extra-Tour 1, 4:** s. S. 85, 90
**Vorwahl:** 0831
**Einwohner:** 23 100

Réthimnos historische Altstadt bedeckt eine Halbinsel, die von den Mauern einer großen venezianischen Burg überragt wird. Mehrere Minarette ragen in den Himmel, an den engen Gassen stehen noch einige schöne türkische Häuser mit hölzernen Fassaden im Obergeschoss. Bereits am Rande der Altstadt beginnt ein breiter Sandstrand, der sich 16 km weit nach Osten bis hin zum Weiler Skaletá erstreckt. Ihn säumen in lockerer Bebauung zahlreiche Hotels. Den Übergang von der Alt- zur Neustadt markiert die Platía 4 Mártiron mit dem angrenzenden Stadtpark. Von hier dehnen sich die Neubauten der drittgrößten Stadt Kretas immer weiter entlang der Ufer und die Berghänge hinauf aus.

**Fortezza:** Auf dem Hügel an der Spitze der Landzunge, auf der die Altstadt liegt.

**Warten auf Touristen: Réthimnos Altstadtgassen sind nur am frühen Nachmittag so leer**

Mo–Sa 9–16, So 8.30–16 Uhr, im Juli/Aug. Di–So 8–19 Uhr. Venezianische Festungsmauern aus dem späten 16. Jh. mit Moschee, einer Kapelle, Ruinen von Wohngebäuden und Zisternen sowie einem Sommertheater.

**Hand- und Kunsthandwerker:** Extra-Tour 4, s. S. 90

**Loggia:** Odós Arkádiou 220. Im einstigen Versammlungshaus des venezianischen Adels werden heute Kopien von Museumsstücken verkauft.

**Moscheen:** Keine der fünf Moscheen der Stadt ist zu besichtigen. Ihre hohen Minarette prägen aber das Stadtbild entscheidend mit.

**Rimondi-Brunnen:** Platía Petacháki, frei zugänglich. Rest eines venezianischen Brunnens aus dem Jahr 1623.

**Stadtpark:** Platía 4 Mártiron, frei zugänglich. Im Park Vogelvolieren, Kinderspielplatz und ein Gehege mit kretischen Wildziegen.

**Venezianischer Hafen:** Im kleinen Hafenbecken dümpeln die Fischer- und Ausflugsboote vor sich hin, an der Kaimauer reihen sich die Tavernen. Die Hafenausfahrt markiert ein gut erhaltener venezianischer Leuchtturm.

**Stadtrundfahrt:** Der ›Tréno‹, ein Mini-Zug auf Autoreifen, umrundet tgl. von 10–23 Uhr alle halbe Stunde die Altstadt (Fahrtdauer: 20 Min.). Abfahrt an der Uferpromenade, Platía Iróon.

**Archäologisches Museum:** Gegenüber dem Eingang zur Fortezza, Di–So 8.30–15 Uhr. Funde aus der Region, ansprechend präsentiert in einem venezianisch-türkischen Gefängnisbau.

**Kanákakis Art Gallery:** Odós Chimarás/Odós Melissíni, Mo–Fr 9–13, 19–22, Sa/So 11–15 Uhr. Moderne griechische Kunst und Wechselausstellungen.

**Marine Life Museum:** Odós Atavagóglu 48, Di–Sa 10–14, 18–21, So 10–15 Uhr. Ein Raum mit Muscheln, Korallen und anderem Seegetier.

**Folklore-Museum:** Odós Manólis Vernárdou 28, Mo–Sa 9.30–13.30 Uhr. Trachten, landwirtschaftliche Geräte und altes Kunsthandwerk.

**Mountainbiking:** ›Hellas Bike Travel‹, bei der Einfahrt zum Hotel ›Rithimna Beach‹, Tel. 07 10 02, Fax 07 16 68. Tgl. zwei geführte Touren mit unterschiedlichem Schwierigkeitsgrad, auch Verleih.

**Tennis:** ›Tennis Travel Europe‹, im ›Grecotel Rithymna Beach‹, Tel. 02 94 91, Fax 07 16 68. Kurse auch für Kinder.

**Wandern:** ›Happy Walker‹, Tombazi 56, Tel./Fax 05 29 20, Büro So–Fr 17–20.30 Uhr. Geführte Wanderungen zu tgl. wechselnden Zielen mit den Holländern Ineke und Anton.

**Idylle mit italienischem Anstrich: der Hafen von Réthimno**

**Wassersport:** ›Atlantis Diving Centre‹, im ›Grecotel Rithymna Beach‹, Tel. 07 10 02, Fax 07 16 68.Kurse in Deutsch.
›Kreta Wassersport‹, am Hotel ›Creta Palace‹, Tel. 05 51 81, Fax 05 40 85, www.kreta-wassersport .de.: Segeln, Surfen, Wasserski, Parasailing; Kurse auch für Kinder.

**Bootsausflüge:** Tgl. nach Balí (s. S. 37) und Maráthi auf der Halbinsel Akrotíri mit Gelegenheit zum Schnorcheln und Angeln. Tickets vor den Booten am venezianischen Hafen. Außerdem können am venezianischen Hafen Angelboote für private Touren gemietet werden. Zur Insel Santorin 3–4x wöchentl. per Ausflugsschiff, Tickets in Reisebüros.

**Griechische Zentrale für Fremdenverkehr:** Aktí El. Venizélou (Uferstraße), Tel. 02 91 48.

**Castello:** Platía Karaóli Dimitríou 10, Altstadt, Tel. 02 35 70, Fax 05 02 81, günstig.
Pension mit nur 8 Zimmern mit Balkon, ganz ruhig um einen blumenreichen Innenhof mit Tischen und Stühlen und doch zentral gelegen. Inhaberin María Giannakoudáki spricht gut Englisch. Am besten im Voraus reservieren.
**Golden Beach:** Adele, am Strand, etwa 6 km außerhalb, Tel. 07 10 12, Fax 07 10 90, moderat.
Legeres Hotel mit großem Pool, viele deutsche Stammgäste.
**Rithymna Beach:** Adele, am Strand, etwa 7 km außerhalb der Stadt, Tel. 02 94 91, Fax 07 16 68, Internet: www.grecotel.gr, Luxus.
Modernes Großhotel der auch wegen ihrer Umweltfreundlichkeit renommierten Grecotel-Gruppe. Animation, Kinderclub, viele Sportmöglichkeiten.

**Knossós:** Fischrestaurant am venezianischen Hafen, moderat.
Seit 50 Jahren in Familienbesitz.
**Avli:** Odós Xanthoudídou 22, Altstadt, tgl. ab 18 Uhr, teuer.

Eines der besten Restaurants mit gehobener mediterraner Küche und exzellenten griechischen Weinen. Eine der Spezialitäten ist Lamm mit Honig und Thymian sowie Fisch-Carpaccio.

**Full Skin Collection:** Odos Arkadíou 131.
Italienischer Chic in griechischem Lamm- und Zickleinleder aus eigener Athener Werkstatt, auch Jacken und Mäntel nach Maß.
**Museum Shop:** Odós Arkádiou 220 (in der Loggia), Mo–Fr 10–21, Sa/So 10–14 Uhr.
Kleiner staatlicher Laden, in dem offizielle Kopien von Kunstwerken aus Museen ganz Griechenlands verkauft werden.
**Wochenmarkt:** Do auf der Platía 4 Mártiron. Verlegung in das Areal im Süden und Osten des Stadions geplant.

**Asteria:** Odós Melissínou 23. Freiluftkino mit der Fortezza im Rücken.
**Gounas:** Odós Koronéu 6. Kleine Taverne mit einfachen Gerichten in alten Gewölben, jeden Abend ab 21 Uhr kretische Live-Musik; preiswert.
**Rock Café:** Odós Peticháki 6, tgl. ab 22 Uhr. Disco in zentraler Lage.
**T'Araxavoli ton Vasili:** Platía Iróon Politechníou 34. Taverne mit riesiger Auswahl und griechischer Gitarren- und Bouzouki-Musik live.
**Odysséas:** Odós Neárchou 6–7 (am Hafen). Traditionelle und aktuelle griechische Musik live, auch zum Mittanzen.

**Karnevalsumzug:** Am Faschingssonntag.
**Renaissance-Festival** (Mitte Juli–Mitte Sept.): Etwa 30 Theateraufführungen und Konzerte meist im Theater in der Fortezza.
**Weinfest** (Ende Juli–Mitte August): Drei Wochen lang gibt es im Stadtpark Wein gratis, Essen muss bezahlt werden, viel Folklore.

**Stadtbusse:** Ab Platía 4 Martíron von 7–22 Uhr alle 30–45 Min. zu den Hotels östlich der Stadt bis hin nach Skaletá.
**Fernbusse:** Ab Busbahnhof am Periferiakí Leofóros, dort Fahrpläne erhältlich; nach Iráklio und Chaniá 6–22 Uhr alle 30–45 Min. Weitere Verbindungen s. Zielorte.
**Fähren:** Tgl. Autofährverbindung mit Piräus. Wenn eines der beiden Schiffe der Reederei viermal jährlich auf Kreuzfahrt geht, Abfahrt nur jeden zweiten Tag.

## Samariá-Schlucht

**Lage:** C 4
**Extra-Tour 3:** s. S. 88;
s. auch Agía Rouméli, S. 29

## Sísi (Síssi)

**Lage:** N 3
**Vorwahl:** 0841

Ehemaliges Fischerdorf an einer etwa 150 m langen, fjordartigen Bucht am Rande einer von vielen Oliven- und Johannisbrotbäumen bestandenen Küstenebene. Auch Ziel von Bootsausflügen ab Liménas Chersonísou.

Drei gute **Strände** 1–2 km östlich des Dorfzentrums.

**Maritimo:** 100 m westlich des Fjords, Tel. 07 12 57, Fax 07 12 73, teuer.
Modernes Hotel mit Poolterrasse, landschaftlich schön am Fjord gelegen; familiär geführt.

**Seven Seas:** Odós Iróon Polytechníou, moderat.
Einfache Ouzeri im schönsten Teil von Sísi. Man hat die Wahl zwischen Tischen über dem Fjord und am offenen Meer.

## Sitía

**Lage:** R 4
**Vorwahl:** 0843
**Einwohner:** 7000

Das erst 1870 neu gegründete Sitía ist trotz ein wenig Tourismus ein beschauliches Städtchen geblieben. Große Sehenswürdigkeiten gibt es nicht, die Normalität des Lebens ist das Besondere.

**Kazárma:** Das weithin sichtbare Kastell am oberen Stadtrand (unregelmäßig geöffnet) ist das einzige Überbleibsel des venezianischen Sitía, das nach der Einnahme durch die Türken 1648 völlig verödete.
**Archäologisches Museum:** Odós Praísou (an der Straße nach Ierápetra), Di–So 8.30–15 Uhr. Moderner Bau mit Funden aus Ostkreta, darunter die Tonstatuette einer stillenden Frau (8./7. Jh. v. Chr.) und der Elfenbein-Torso eines Mannes mit Haaren aus Goldbronze (16. Jh. v. Chr.).
**Folklore-Museum:** Odós Kapétan Sífi, Di–So 8.30–14.30 Uhr. Kunsthandwerk und Arbeitsgeräte aus dem 18./19. Jh.

**Sitía Beach:** Langer Sandstrand, der nur 300 m östlich der Platía beginnt. Nachteil: Er liegt unmittelbar an der viel befahrenen Uferstraße.

**Städtische Touristeninformation:** Kiosk an der

**Die Küste bei Sitía bezaubert durch ihre Schroffheit**

Uferstraße auf der Südseite des Hafens, Tel. 02 42 00.

**Michel:** Livádi, Tel. 02 81 83, günstig.
Pension im Grünen abseits der Uferstraße nach Váï, 200 m zum Strand. 10 Zimmer, jedoch nur 3 mit Dusche/WC.
**Sitía Beach:** Odós Karamanlí, Tel. 02 88 21, Fax 02 88 26, teuer. Mit 162 Zimmern einziges Großhotel der Stadt. Tennisplätze, Wassersportzentrum, Nachtclub.

**Michos:** Odós Vitzéntsou Kornárou, moderat.
Viele kretische Spezialitäten, auch Glóssa (Lammzunge).
**The Balcony:** Odós Kazantzáki/Ecke Odós Fountalídou, 12–15 und ab 18 Uhr, teuer. Kreative griechische Küche.

**Busverbindungen:** Mit Ágios Nikólaos, Ierápetra, Iráklio Mo–Fr 5x tgl., Sa/So 3–4x tgl., mit Váï 2–4x tgl., mit Palékastro und Káto Zákros 1–2x tgl., mit der Chandrás-Hochebene 2x tgl.

## Stálida (Stális)

**Lage:** N 4
**Vorwahl:** 0897

Mit dem benachbarten Mália zusammengewachsener Badeort mit langem, gutem Sandstrand. Nichts für Individualurlauber, aber als Pauschalreiseziel geeignet.

**Blue Sea:** Am westlichen Ende der Uferstraße, Tel. 03 13 71, Fax 03 13 75, je nach Bungalow moderat bis teuer. Älteres Bungalow-Hotel mit schönen alten Grünanlagen, nur die Uferstraße trennt es vom Strand.

**I Ellas:** Am oberen Ende der Straße von der Ufer-Platía zur Schnellstraße, moderat. Einfache, familiäre Taverne unter Johannisbrotbäumen. Als Nachtisch kostenlos ein Eis für Kinder, Obst und Raki für die Großen.
**To Stéki:** Odós A. Papandréou 10, günstig. Große Portionen ohne touristischen Schnickschnack, insbesondere für mittags zu empfehlen.

## Tílisos

**Lage:** K 4
Am nördlichen Dorfrand von Tílisos liegen minoische Landhäuser (ausgeschildert).

**Minoische Ruinen:** Tgl. 8.30–15 Uhr. Ruinen dreier einst zweigeschossiger Landhäuser aus der Zeit um 1500 v. Chr. Gut erhalten sind eine tönerne Wasserleitung, die Frischwasser aus einer noch heute sprudelnden Quelle herbeiführte, sowie eine Zisterne. Die Raumaufteilung ist gut erkennbar.

**Busverbindung:** Mo–Sa 5x, So 2x tgl. mit Iráklio und Anógia.

## Tóplou

**Lage:** R 4
**Geöffnet:** Tgl. 9–13 und 14–18 Uhr

Das um 1500 gegründete Männerkloster auf einer kahlen Hochebene im äußersten Inselosten hat man in den letzten Jahren gründlich restauriert. Starke Wehrmauern umgeben die Kirche und das 10 m hohe Hauptgebäude, vor dem Kloster liegen Wirtschaftsräume, eine Mühle und die alte Friedhofskapelle. Große Teile des Klosters dienen heute als Museum. Gezeigt werden alte Stiche, liturgische Geräte und Gewänder sowie Ikonen. Die schönste aller Ikonen aber hängt noch in der Kirche (links vor der Ikonostase): »Groß bist Du Herr«. Ihre 61 Szenen illustrieren die 61 Verse des gleichnamigen Gebets. Ioánnis Kornaros malte die Ikone Mitte des 18. Jh.

## Váï

**Lage:** S 4

Der Palmenstrand von Váï ist eines der am meisten besuchten Ausflugsziele der Insel. Der unter Naturschutz stehende Dattelpalmenhain ist ein Genuss fürs Auge, die Badefreuden aber werden durch

**Südseeflair am Mittelmeer: der Traumstrand von Váï**

die Menschenmassen getrübt. Man kann hier inzwischen Wasserski fahren, mit Sauerstoffflaschen tauchen oder am Fallschirm segeln sowie in zwei Tavernen essen und trinken – nur das Übernachten ist streng verboten.

Außer den Tavernen gibt es keine touristische Infrastruktur.

**Busverbindung:** 2–4mal tgl. mit Sitía, Mo–Fr von Mália und Liménas Chersonísou als Tagesausflug zu erreichen.

## Vámos

**Lage:** E 3
**Extra-Tour 4:** s. S. 91
**Vorwahl:** 0825
**Einwohner:** 600

Dank einer örtlichen Initiative junger Leute und der Zuschüsse der EU hat sich das abseits aller touristischen Hauptrouten gelegene Landstädtchen zu einem zwar noch weithin unbekannten, aber besuchenswerten Ausflugsziel entwickelt. Man restauriert Häuser und vermietet sie an Urlauber, füllt den lokalen Wein in Flaschen ab, züchtet Vieh und betreibt Landwirtschaft nach ökologischen Grundsätzen.

**Community Guesthouse:** An der Hauptstraße, Tel. 02 32 50, Fax 02 31 99, günstig.
Pension in einem Neubau, der jedoch nach dem Vorbild eines Vorgängerbaus aus der Zeit um 1880 rekonstruiert wurde. Acht Zimmer mit Zentralheizung, ganzjährig geöffnet. Nur motorisierten Urlaubern zu empfehlen.

**I Stérna tou Bloumosífi:** Günstig.
Restauriertes Kaffeehaus aus dem Jahr 1905 mit ausgewählten kretischen Speisen und Fleisch vom Holzkohlengrill.

**Traditional Grocery:** Moderne, aber im alten Stil hergerichtete Gemischtwarenhandlung mit zahlreichen kretischen Spezialitäten: zehn verschiedene Marmeladen und Wein aus dem Dorf, viele kretische Nudeln und Olivenöl aus ökologischem Anbau.

**Busverbindungen:** Mehrmals tgl. mit Georgioúpoli und Chaniá.

## Vóri

**Lage:** H/J 5
**Vorwahl:** 0892

Vóri lockt Besucher an, seit hier 1988 Kretas bedeutendstes Volkskundliches Museum eröffnete.

**Museum:** Im Dorfzentrum, gut ausgeschildert,
tgl. 10–18 Uhr.
Reichhaltige Sammlung von Objekten (mit englischen Kommentaren), die das Leben auf Kreta in den letzten Jahrhunderten erklären.

**Haus Margit:** Am oberen Ortsrand (vom Museum aus weiter Richtung landeinwärts fahren), Tel. 09 11 29, günstig.
Modernes Haus mit 6 Zimmern, Gemeinschaftsküche, Aufenthaltsraum. Wirtin Margit ist Deutsch-Tschechin. Nur für motorisierte Urlauber empfehlenswert.

**Busverbindung:** Mehrmals tgl. mit Míres.

## Xerókambos

**Lage:** S 5
**Vorwahl:** 0843

Kleine Sandbuchten und ein langer Sandstrand im völligen touristischen Abseits machen den Reiz dieser Streusiedlung aus. Seit 2000 eine Asphaltstraße von Zíros (s. S. 39) aus fertiggestellt wurde, entstehen Pensionen und kleine Apartmentanlagen, eröffnen Tavernen. Der Geheimtipp 2002 für Individualisten mit eigenem Fahrzeug (kein Linienbusverkehr)!

## Zákros

**Lage:** R 5
**Vorwahl:** 08 43

Das Dorf an der Asphaltstraße in den Osten der Insel liegt 8 km vom Meer entfernt an zwei Hügeln zwischen Oliven und Obstbäumen.

**Káto Zákros:** 500 m langer Sand-Kiesstrand vor schöner Kliffkulisse.

**Wanderung** durch das Tal der Toten von Zákros nach Káto Zákros: An der Platía von Zákros beginnt ein markierter Wanderweg, der etwa 2 Std. dauert. Dabei passiert man das üppig grüne Tal der Toten, eine Art Canyon mit zahlreichen Höhlen in den Felswänden, in denen in minoischer Zeit Verstorbene beigesetzt wurden.

**Káto Zákros:**
Di–So 8.30–15 Uhr.
Von Zákros führt die Asphaltstraße noch 8 km hinab bis zur Sommersiedlung Káto Zákros. Dort haben Archäologen einen weitläufigen mittelminoischen Palast freigelegt, der anders als die übrigen auf Kreta nie geplündert und nie überbaut wurde. Nördlich an den Palast schließt sich eine mi-

**Sigá, sigá, nur keine Hektik: der Sand-Kiesstrand Káto Zákros**

noische Wohnstadt an. Am Eingang zum Palast kann man einen Bronzeschmelzofen erkennen.

**Zákros:** Platía von Zákros, Tel./Fax 09 33 79, günstig. Einfaches Hotel mit 24 Zimmern und eigenem Minibus. Gäste werden nach der Wanderung durchs Tal der Toten kostenlos abgeholt.

**Busverbindung:** Mo–Fr 2–3x tgl. mit Sitía und Káto Zákros, Sa/So nur 1x tgl.

## Zarós

**Lage:** J 5
**Extra-Tour 1:** s. S. 84
**Vorwahl:** 0894
**Einwohner:** 2600

Das 25 km vom Libyschen Meer entfernt liegende Bergdorf in 350 m Höhe ist für motorisierte Urlauber ein erfrischend kühler Standort für ein paar heiße Sommertage.

**Límni und Kloster Ágios Nikólaos:** Der See oberhalb des Dorfes mit einer Taverne, Picknickplätzen und einem schön angelegten Uferrundweg ist ein beliebtes Ausflugsziel der Kreter. Ein markierter Wanderweg führt von hier zum 1 km entfernten Mönchskloster Ágios Nikólaos. Von dort kann man in die 2 km entfernte Roúvas-Schlucht weiterwandern oder in 20 Min. zur Einsiedelei Ágios Efthímios aufsteigen.

**Idi:** Am Weg zum See, gut ausgeschildert, Tel. 03 13 02, Fax 03 15 11, moderat. Relativ hellhöriges Hotel mit Pool, 59 Zimmer. Unbedingt vorab reservieren, da oft durch Wanderreisegruppen ausgebucht.

**Votomos:** Oberhalb des Hotels, moderat. Taverne in einer Forellenzuchtstation. Forellen werden fangfrisch serviert.

**Busverbindung:** Tgl. mit Iráklio (Busbahnhof B).

# EXTRA-

## Fünfmal Kreta, immer anders

1. Kreta in acht Tagen: Eine abwechslungsreiche Rundreise per Auto oder Motorrad
2. Eine Nacht auf dem Dorf: Wie man die Ländlichkeit der Lassíthi-Hochebene am intensivsten erlebt

# Touren

3. Kreta naturnah: Drei Schluchtenwanderungen – Samariá, die berühmte; Imbrós, die bequeme; Kourtaliótiko, die schwierige
4. Altem Handwerk auf der Spur: Rundfahrt durch den Landkreis Apokrónou zwischen Georgioúpoli und Chaniá
5. Minoisches Leben und Sterben: Eine Tour in der Nähe Iráklios

# EXTRA Tour 1

## Kreta in acht Tagen: Eine abwechslungsreiche Rundreise per Auto oder Motorrad

**1. Tag:** Auto oder Motorrad sind für acht Tage gemietet. Auf geht's, vom Flughafen Iráklio direkt auf die Schnellstraße Richtung Ágios Nikólaos. An der ›Costa Turistica‹ lohnt der minoische Palast von Mália (s. S. 64) einen Stopp. Wer schon am ersten Tag viel unverfälschtes Kreta sehen will, macht einen Umweg und fährt über die Lassíthi-Hochebene (Extra-Tour 2, s. S. 86). Ágios Nikólaos (s. S. 30) schenkt dann mediterranes Flair wie aus dem Bilderbuch.
**Etappenlänge:** ca. 80 km.

**2. Tag:** Zum Urlaub gehört eine Bootstour – am besten von Eloúnda auf die Lepra-Insel Kalídon (s. S. 44, 45). Danach geht es von Ágios Nikólaos aus ins Bergdorf Krítsa (s. S. 60) mit einer der schönsten byzantinischen Kirchen Kretas und ins auch landschaftlich reizvolle Ausgrabungsgelände von Lató (s. S. 61). Die Strände von Kaló Chorió östlich von Ágios Nikólaos sind noch nicht überlaufen. Von hier geht es durch die Berge nach Ierápetra (s. S. 50).
**Etappenlänge:** ca. 80 km.

**3. Tag:** Die Messará-Ebene bietet viel Geschichte: die römische Stadt Górtis (s. S. 50), das minoische Festós (s. S. 46) und das minoische Agía Triáda (s. S. 29). Im Museum von Vóri (s. S. 80) werden kretische Traditionen der letzten zwei Jahrhunderte anschaulich deutlich. Mátala (s. S. 65) wartet dann mit einem schönen Strand und Nightlife im alten Fischerviertel auf. Wer die Bergeinsamkeit und leckere Forellen vorzieht, übernachtet in Zarós (s. S. 81) am Hang des Ida-Gebirges.
**Etappenlänge:** ca. 150 km.

**4. Tag:** Heute steht der landschaftlich schönste Teil der Südküste auf dem Programm. Über Spíli und durch die Kourtaliótiko-Schlucht (Extra-Tour 3, s. S. 89) geht es nach Asómatos (s. S. 72), zum Kloster Préveli (s. S. 72) und an Kretas schönsten Palmenstrand. Frangokástello (s. S. 48) ist ein Badeparadies. Übernachten können Sie hier, in Chóra Sfakíon (s. S. 43) oder in Loutró.
**Etappenlänge:** ca. 150 km.

**Per Auto oder Motorrad – oder vielleicht auch mit dem Dreirad**

**5. Tag:** Frühaufsteher können durch die Imbrós-Schlucht wandern (Extra-Tour 3, s. S. 88). Danach geht es dann durch die einsame Askífou-Hochebene zurück an die Nordküste. Das Tagesziel ist Kretas zweitgrößte Stadt, Chaniá (s. S. 39).
**Etappenlänge:** ca. 70 km.

**6. Tag:** Zunächst geht es auf der Schnellstraße Richtung Osten bis Georgioúpoli schnell voran. Hier biegen Sie ab auf die ›Old National Road‹ und kommen ins Dorf Vríses, wo es den besten kretischen Joghurt gibt. Danach geht es weiter zum Kournás-See (s. S. 60), Kretas größtem natürlichen Binnensee. Das Bergdorf Kournás empfiehlt sich mit seinen Metzgerei-Tavernen. In Réthimno (s. S. 73ff.) sollten Sie so rechtzeitig ankommen, dass Zeit für einen ausgiebigen Bummel bleibt.
**Etappenlänge:** ca. 80 km.

**7. Tag:** Das Kloster Arkádi (s. S. 36) ist kretisches Nationalheiligtum, im Nachbardorf Archéa Eléftherna (s. S. 36) werden gerade einzigartige Zisternen im Fels freigelegt. Wiederum ganz in der Nähe haben sich in Margarítes (s. S. 65) über ein Dutzend Töpfer niedergelassen. Vom Provinzstädtchen Pérama aus lohnt der kurze Abstecher ins sehr ursprüngliche Dorf Melidóni (s. S. 67) mit einer der schönsten und am leichtesten zugänglichen Tropfsteinhöhlen der Insel. Wer noch Zeit und Lust hat, unternimmt einen letzten Abstecher ins Hochgebirge, besucht Anógia und die Nída-Hochebene (beide: s. S. 34). Letztes Etappenziel ist Iráklio (s. S. 51).
**Etappenlänge:** ca. 160 km.

**8. Tag:** Am besten gehen Sie erst einmal zu Fuß ins Archäologische Museum (s. S. 52) und bummeln dann zum Morosini-Brunnen und zur Marktgasse. Per eigenem Fahrzeug oder Linienbus ist das berühmte Knossós (s. S. 57f.) zu erreichen. Anschließend können Sie die Rundreise dörflich-beschaulich in Archánes (s. S. 35) mit seinen nur selten besuchten archäologischen Sehenswürdigkeiten ausklingen lassen.
**Etappenlänge:** ca. 30 km.

**Gesamtlänge der Rundfahrt:** ca. 800 km.

# Extra Tour 2

## Eine Nacht auf dem Dorf: Wie man die Ländlichkeit auf der Lassíthi-Hochebene am intensivsten erlebt

Ringsum von Bergen umschlossene Hochebenen sind ein Charakteristikum der kretischen Landschaft. Die auf über 800 m Höhe gelegene Lassíthi-Hochebene ist ein gutes Beispiel dafür und bequem zu erreichen. Bis zu 10 km lang und 5 km breit dehnt sie sich zu Füßen des 2148 m hohen Díkti-Gebirges aus. Grundwasser für die Bewässerung des fruchtbaren Bodens lagert dicht unter der Oberfläche. Um keinen nutzbaren Boden zu verschenken und um bei den winterlichen Hochwassern keine nassen Füsse zu bekommen, liegen die 21 Dörfer der Lassíthi leicht erhöht an deren Rand.

Traditionelle kretische Ländlichkeit kann man kaum irgendwo besser erleben als hier. Dafür sollten Sie freilich über Nacht bleiben.

**Anfahrt:** Von Stalída an der Schnellstraße windet sich eine sehr gut ausgebaute, serpentinenreiche Straße nach Mochós (M4; s. S. 68) hinauf. Dort sollten Sie auf dem Dorfplatz mit seinen ausgezeichneten Tavernen pausieren und die Dorfkirche betrachten. Die Hauptstraße führt weiter zum Kloster Panagía i Kerá (s. S. 69) mit seiner wundersamen Ikone. Dann erreicht sie den Pass Ambélos Afhín (900 m). Auf dem Hügelkamm zu beiden Seiten der Straße stehen alte Windmühlen, von denen zwei restauriert wurden und besichtigt werden können.

**Auf der Hochebene:** Eine gut asphaltierte Straße führt rund um die Ebene (N4). Am besten bewegen Sie sich gegen den Strom und umrunden sie entgegen dem Uhrzeigersinn. Rechter Hand liegen dann bald hinter vielen Zypressen die Ruinen des Klosters Vidianís und seiner Kirche. Es wird gerade restauriert und soll demnächst ein Naturgeschichtliches Museum aufnehmen. Kurz darauf, in Káto Metóchi, scheinen die alten Bauernhäuser direkt aus den Felsen herauszuwachsen. In einem Blumenmeer versinkt hingegen die Taverne ›Good morning Lassíthi‹ im nächsten Dorf, Ágios Charálambos. Der Blick über die Ebene ist von hier aus besonders schön.

Dann folgt ein Kontrast, wie er stärker kaum sein könnte: Das Dorf Psichró mit der etwas außerhalb gelegenen Díkti-Höhle. Tagsüber drängen sich hier die Ausflugsbusse, versuchen Maultiertreiber und Höhlenführer, die Touristen zu neppen. Am besten fahren Sie zunächst nur kurz zur Höhle hinauf und erkundigen sich nach den aktuellen Öffnungszeiten, um sie eventuell am nächsten Morgen ganz früh zu besuchen.

**Eine ungewöhnliche Nacht:** Die beste Übernachtungsmöglichkeit im großen Dorf Ágios Geórgios (s. S. 30) ist die Pension ›María‹. Die dazugehörige Taverne liegt direkt an der Dorfstraße. Noch nach Einbruch der Dunkelheit kommen die letzten Bauern und Bäuerinnen mit ihren Ziegen von den Feldern, kehren Bauern auf Eseln und Maultieren von ihrer Arbeit zurück. Bei María lernen sich die wenigen ausländischen Reisenden kennen. Die Nacht selbst kennt hier nur die Laute von Hunden und Hähnen. Hier hat der Tourismus das Leben noch nicht verändert.

**Weiterfahrt:** Ágios Geórgios kann mit zwei kleinen Museen aufwarten, die den Besuch lohnen. Die Rückfahrt an die Küste beginnt dann in Mésa Lassíthi. Kurvenreich windet sich die schmale, bei Regen sehr glatte Straße hinab nach Neápoli (O4). Für ein Souvenir sorgen zwei Handwerker am Ortsanfang von Zénia, die aus Olivenholz Löffel und anderes schnitzen. Eine Pause lohnt kurz hinter Zénia die Taverne Moutsounás. Inhaber Manólis verkauft den ganz seltenen Rakí mit Honig – eine Art kretischen Drambuie.

**Gesamtlänge der Fahrt von Stalída bis Neápoli:** ca. 90 km.

**Ländliche Stimmung pur in der Lassíthi-Hochebene**

# Extra Tour 3

## Kreta naturnah: Drei Schluchtenwanderungen – Samariá, die berühmte; Imbrós, die bequeme; Kourtaliótiko, die schwierige

Tiefe Schluchten durchziehen die Gebirge Kretas vor allem auf der südlichen Inselseite. Manche von ihnen werden ganzjährig von einem Bach durchflossen, andere sind nur zur Zeit der Winterregen und der Schneeschmelze mit Wasser gefüllt und dann meist unpassierbar. Heute sind die Schluchten eine der touristischen Attraktionen der Insel – allen voran die weltberühmte Samariá-Schlucht. Andere Schluchten sind weniger eindrucksvoll, dafür aber nicht überlaufen.

**Samariá-Schlucht** (C4): Die Wanderung (nur Mai–Okt. möglich) beginnt nach Lösen einer Eintrittskarte am Südrand der Omalós-Hochebene, Endstation mehrerer Buslinien von Chaniá, Réthimno und anderen Orten. Ein stufenreicher Waldweg, die Xylóskala, führt aus 1227 m Höhe in gut 1 Std. in die Schlucht hinunter. Über 10 km sind in der Schlucht zurückzulegen, deren steile Wände bis zu 600 m hoch fast senkrecht aufragen. An ihrer breitesten Stelle misst sie 300 m, an der engsten gerade 3,5 m. Die letzte Stunde gehen Sie dann durch eine schattenlose Küstenebene, bevor Sie Agía Rouméli (s. S. 29) erreichen. Von dort bringen Boote die meisten Wanderer nach Chóra Sfakíon, von wo Busanschluss nach Chaniá, Réthimno, Iráklio und in andere Orte besteht. Boote fahren auch nach Soúgia und Paleochóra.

**Imbrós-Schlucht** (D4): Die Imbrós-Schlucht kann jeder durchwandern, der halbwegs gut zu Fuß ist. Auch kleinere Kinder können problemlos mitgehen. Die Wanderung dauert etwa 3 Std. und ist schon im März möglich, wenn die Samariá-Schlucht noch gesperrt ist. Sie beginnt am südlichen Ortsende des Dorfes Imbrós unmittelbar am empfehlenswerten Kafeníon ›Barbaspýros‹, wo man sich noch einmal mit Sfakianés Píttes stärken kann, kleinen Blätterteigtaschen, gefüllt mit Käse und ser-

**Touristische Attraktion Kretas – die Samariá-Schlucht**

viert mit Honig. Barbaspýros vermietet auch zwei einfache Zimmer (Tel. 08 25/09 52 45, günstig).

Zehn Minuten nach dem Start ist der Schluchteingang erreicht, nach einer weiteren halben Stunde wird die erste, nur 4 m breite Engstelle passiert. Die Wände steigen etwa 30 m hoch an, etwas zurückversetzt überragen sie die Schlucht aber auch mehrere hundert Meter hoch. Nach etwa 50 Min. Gehzeit stoßen Sie mitten in der Schlucht auf eine der urigsten Bars der Insel. Von dort gehen Sie dann noch einmal etwa 1 Std. lang und erreichen schließlich das Dorf Komitádes. Von dort fährt nachmittags gegen 16 Uhr ein Bus nach Chóra Sfakíon, Frangokastéllo und Plakiás. Man kann auch ein Taxi für die Weiterfahrt oder Rückkehr zum eigenen Auto bestellen.

**Kourtaliótiko-Schlucht** (F4): Für die anspruchsvolle Durchwanderung dieser Schlucht braucht man mindestens 4 Std. Festes Schuhwerk und Trittsicherheit sind erforderlich; der letzte Teil der Wanderung muss u. U. in knie- bis hüfthohem Wasser des Flusses zurückgelegt werden. Meist kann die Wanderung wegen sonst zu hohen Wasserstandes nur zwischen Juli und September durchgeführt werden. im Zweifelsfalle lieber umkehren! Die Wanderung beginnt an der Straße durch die Schlucht. Parkbuchten und ein Schild, auf dem u. a. das Wort »Leader« steht, machen auf einen gut ausgebauten Weg mit 250 Stufen aufmerksam (dem Busfahrer sagt man: »Kourtaliótiko, Ágios Nikólaos«). Der Weg führt auf den Grund der Schlucht, wo in einer schmalen Felsspalte der Bach Mégalos Pótamos entspringt. Das Wasser sprudelt aus den Felswänden, stürzt über Wasserfälle und Kaskaden zu Tal. Von den Quellen folgt man zunächst dem Stufenweg wieder ein Stück aufwärts, bis nach links ein schmaler Feldweg abgeht. Er endet nach einiger Zeit vor einer Staustufe im Bachtal. Dort beginnt die eigentliche Schluchtdurchquerung. Auf halbem Weg passiert man das Kloster Káto Préveli, wo die Wanderung ebenfalls begonnen werden kann. Vom Préveli-Strand fahren Boote nach Plakiás oder Agía Galíni (von dort gelangen Sie per Taxi zum Auto zurück).

# EXTRA Tour 4

## Altem Handwerk auf der Spur: Rundfahrt durch den Landkreis Apokrónou zwischen Georgioúpoli und Chaniá

Die alten Handwerksberufe sind auch auf Kreta vom Aussterben bedroht. Zumeist werden sie nur noch von wenigen älteren Menschen ausgeübt. Der Tag ist abzusehen, an dem man nur noch in Museen auf ihre Spuren stößt. Bei einem Altstadtbummel durch Réthimno (s. S. 73ff.) finden Sie noch einen traditionellen Stiefelmacher, einen Lyra-Bauer und einen Kräuterhändler, der seine Produkte selbst abpackt; im nahen Dorf Margarítes (s. S. 65) arbeiten viele Töpfer. Eine ungewöhnliche Dichte von traditionellem Handwerk finden sich zwischen Réthimno und Chaniá im Landkreis Apokrónou nahe dem aufstrebenden Badeort Georgioúpoli (49; E3). Er lohnt eine ganztägige Rundfahrt per Moped oder Auto.

Startpunkt ist das Binnendorf **Vríses** nahe der Schnellstraße. Hier servieren mehrere Lokale frischen, losen Joghurt aus Schafs- und Ziegenmilch, den man traditionell mit Honig isst.

Auf der Weiterfahrt in Richtung Chaniá passieren Sie genau an der Abzweigung der **Straße nach Frés** das Gelände einer Köhlerei, auf der allerdings nicht ständig Holzkohlenmeiler in Betrieb sind. Kurz darauf zweigt in Ágii Pándes eine **Straße nach Pemónia** ab (an der Hauptstraße steht zunächst nur ein Wegweiser nach Melidóni). Linker Hand liegt an dieser Straße die große Tischlerwerkstatt von Giórgos Nikiforákis. Er fertigt auf Vorbestellung traditionelle Stühle aus Zypressenholz und Schilfgeflecht. Kehrt man nach Ágii Pándes zurück und fährt nach **Chaniá** weiter, stößt man am Ortsende von Arméni linker Hand auf die Schmiedewerkstatt von Charálambos Paraskoulákis. Seit 70 Jahren fertigt er Glocken, überwiegend für Schafe und Ziegen. Wenn der heute 87-Jährige die Glocken ertönen lässt, beginnen seine Augen zu glänzen.

**Kalíves** ist dann ein Küstenort mit schönem Strand und etwas Fremdenverkehr. Hier liegt unmittelbar an der Hauptstraße in Richtung Chaniá 50 m östlich der

**Köhler bei der Arbeit**

Brücke im Stadtzentrum in Haus 507 die große Werkstatt eines Böttchers. Er stellt nicht nur große Fässer für Bauern und Kellereien her, sondern auch kleine für Touristen. Im Laden gleich nebenan verkauft er sie, mit eigenem Wein oder Rakí gefüllt, an Urlauber.

Am Ortsende von **Pláka** biegt man nach rechts ab und kommt ins Dorf **Kámbia**. Hier lebt der deutsche Maler Antónios Santorínios, dessen bevorzugtes Sujet griechische Szenen sind.

Nächstes Ziel ist **Kókkino Chorió**. Vor dem Ortseingang befindet sich eine Glasmanufaktur, die ausschließlich Altglas einschmilzt und wieder verwertet. Sie können den Glasbläsern bis etwa 21.30 Uhr bei der Arbeit zusehen und ihre Produkte wie Vasen, Schalen und Lampenschirme kaufen.

Ein Abstecher ans Meer ist dann von **Palelóni** aus möglich. Eine 4 km lange Asphaltstraße führt durch eine einsame Landschaft zur Bucht **Omprogiálos,** wo Sie zwar nicht schwimmen, aber in einer kleinen Taverne über dem Meer ganz ruhig essen können.

An der Hauptstraße folgt mit **Kefalás** einer der größten Orte des Bezirks mit besonders vielen alten, noch aus venezianischer Zeit stammenden Häusern. Leider liegen viele der schönen Steinmetzarbeiten an Fensterwandungen und Portalen noch unter Putz versteckt. Über die Bezirkshauptstadt **Vámos** (s. S. 79) sollten Sie dann unbedingt noch einen Abstecher nach **Gavalochóri** mit seinem Volkskundlichen Museum unternehmen. Die örtliche Frauenkooperative vermietet Zimmer und Ferienhäuser und betreibt einen Laden mit im Ort hergestellten Handarbeiten. In Vámos werden in der ›Traditional Grocery‹ kretische Spezialitäten angeboten, dann geht es nach Georgioúpoli an der Küste zurück.

Insbesondere im Juni lohnt dabei auch noch ein Zwischenstopp in **Kalamítsi-Amigdáli.** Dort betreibt eine Frauenkooperative direkt an der Hauptstraße einen kleinen Laden – mit einem selten gewordenen Produkt aus eigener Herstellung: Seidenraupenkokons und echte Seide.

**Gesamtlänge:** ca. 65 km

# EXTRA Tours

## Auf den Spuren minoischen Lebens und Sterbens: Eine Tour per Auto, Motorrad oder Linienbus in der Nähe Iráklios

Die viel gepriesenen Kunstwerke in Kretas archäologischen Museen lassen leicht übersehen, dass es auch damals einen Alltag gab. Einen kleinen Eindruck davon vermittelt diese Halbtagestour (L4).

Erstes Ziel ist **Archánes** (s. S. 35). Mitten im Dorf steht ein kleines **Einraum-Museum** (Di geschlossen!). Es erklärt anhand von Kopien, Illustrationen und ausführlichen englischsprachigen Texttafeln sehr anschaulich einige Aspekte der minoischen Zeit sowie Ausgrabungsstätten, die Sie später besichtigen können. Zu sehen sind Tonurnen für Kinderbestattungen und unterschiedliche Tonsarkophage, in denen Skelette in gekrümmter Haltung lagen: Hinweis darauf, dass Gestorbene möglichst umgehend, noch vor Eintritt der Totenstarre, in ihre letzte Lagerstatt gebettet wurden.

**Foúrni:** Im Museum von Archánes steht eine tönerne Weinpresse, die auf dem minoischen Friedhof von Foúrni gefunden wurde. Eine farbige Rekonstruktionszeichnung erklärt dort, wie sie funktionierte. Die 1,9 km lange Zufahrtsstraße zum Friedhof ist im Dorf Káto Archánes mit ›Phourni‹ ausgeschildert. Von besonderem Interesse sind die Grundmauern einer einstigen Weinkelterei. Hier wurde der Rotwein gekeltert, mit dem man nach der Verwesung des Fleisches die Knochen der Toten wusch. Rötlich gefärbte Knochen fand man im benachbarten Kuppelgrab.

**Anemóspilia:** Fotos und farbige Rekonstruktionszeichnungen im Museum von Archánes erläutern ein Ereignis aus minoischer Zeit, dessen deutliche Spuren die Archäologen 1979 in einem Heiligtum am Nordhang des Berges Joúchtas entdeckten. Dort hatten gerade zwei Männer und eine Frau einen Mann als Menschenopfer auf einer Art Altar mit einem Bronzemesser erstochen, als ein Erdbeben das Heiligtum zum Einsturz brachte. Zwei der Vollzieher des Opfers wurden sofort von den

Vathípetro: Eindruck vom Leben in minoischer Zeit

Trümmern erschlagen, der dritte, offenbar eine hoch gestellte Persönlichkeit, starb beim Versuch zu fliehen.

**Vathípetro:** Wie man in minoischer Zeit auf dem Lande lebte, zeigen die Ausgrabungen eines Landguts 3 km südlich von Archánes (geöffnet Di–So 8.30–15 Uhr, nur zu Fuß oder mit dem eigenen Fahrzeug zu erreichen). Der Gebäudekomplex aus der Zeit um 1600 v. Chr. war teilweise zweigeschossig und barg zahlreiche Werkstätten. Deutlich zu erkennen ist die Weinkelterei. Erhalten sind außerdem eine Ölpresse, ein Töpferofen und 16 sehr schöne, mannshohe Píthoi (Vorratsgefäße).

**Archäologisches Museum Iráklio:** Über Knossós (s. S. 57f.) können Sie nun nach Iráklio zurückkehren. Dort wandeln Sie im Museum (s. S. 52) auf den Spuren minoischen Lebens. In Saal II geben etwa 50 farbige Fayenceplättchen Aufschluss über das Aussehen einer minoischen Küstenstadt. Die Häuser waren zwei- und dreigeschossig. Die Fenster sind oft mit rötlichem Ocker dargestellt: Es steht wahrscheinlich für Alabaster oder geöltes Pergament. In Saal V ergänzt ein in Archánes gefundenens Haus-Modell aus Terrakotta plastisch das gewonnene Bild.

Ein Spielbrett in Saal IV zeigt, dass sich die Minoer ihre Zeit mit Brettspielen vertrieben: eine Intarsienarbeit aus Bergkristall, Elfenbein, blauem Glasfluss, Gold- und Silberplättchen, zu dem vier Spielsteine aus Elfenbein gehören. Dass Reigentänze schon in minoischer Zeit zum kretischen Leben gehörten, zeigt das Tonmodell aus vier männlichen Tänzern in Saal VI und das farbig bemalte Tonmodell dreier Tänzerinnen in Saal X. Sie bewegen sich um eine Musikantin, die das Instrument spielt, das heute noch als typisch kretisch gilt: die Lýra. Sehr schön ist auch das Tonmodell einer schaukelnden Frau.

**Gesamtlänge inklusive aller Abstecher:** ca. 40 km.

# Impressum/Fotonachweis

**Fotonachweis**
Aldo Acquadro/Look, München: S. 2/3, 44/45, 55, 57, 66, 79, 85, 87
Rainer Hackenberg, Köln: Titel, S. 1, 4, 5, 6/7, 8, 9, 10, 12, 14/15, 18/19, 26/27, 32, 36, 47, 48, 56, 60, 65, 68, 74, 75, 77, 81, 89, 93
Nikos Varelas, Thessaloniki: S. 91
Florian Werner/Look, München: S. 41, 71

*Vignette:* Moderne Kirche bei Mírtos am Libyschen Meer
*S. 2/3:* Chaniá
*S. 4/5:* Im Winter werden die Orangen geerntet
*S. 26/27:* Ágios Nikólaos – der Voulisméni-See und die Bucht von Mirambéllou

**Kartographie:** Berndtson & Berndtson Productions GmbH, Fürstenfeldbruck


Alle in diesem Buch enthaltenen Angaben wurden vom Autor nach bestem Wissen erstellt und von ihm und dem Verlag mit größtmöglicher Sorgfalt überprüft. Gleichwohl sind inhaltliche Fehler nicht vollständig auszuschließen. Ihre Korrekturhinweise und Anregungen greifen wir gern auf. Unsere Adresse: DuMont Buchverlag, Postfach 101045, 50450 Köln. E-Mail: reise@dumontverlag.de

Die Deutsche Bibliothek – CIP-Einheitsaufnahme

**Nikos Varelas:**
Kreta / Nikos Varelas.
-Köln : DuMont, 2002
(DuMont Extra)
ISBN 3-7701-5760-5

Graphisches Konzept: Groschwitz, Hamburg

Druck: Rasch, Bramsche
Buchbinderische Verarbeitung: Bramscher Buchbinder Betriebe

ISBN 3-7701-5760-5

# Register